RELIGIONSHISTORIENS KILDER

Omslag: Den romerske konge Numa Pompilius modtager de religiøse love af nymfen Egeria. Stik fra 1800-tallet.

JANUA RELIGIONUM

STUDIA HISTORICA ET COMPARATIVA

edenda curat

J. Podemann Sørensen

KØBENHAVNS UNIVERSITET

1

Jørgen Podemann Sørensen

Religionshistoriens kilder

En lille metodelære

KØBENHAVN 2006

INDHOLD

Historiske metoder

Kildekritik.
Hvad enten sigtet er oldtid eller samtid arbejder religionshistorikeren altid med kilder. Det kan være indskrifter mejslet i sten, papyrusfragmenter, bindstærke hellige skrifter, bygninger, statuer, billeder eller båndoptagelser og egne iagttagelser. Den historiske kildekritik søger at vurdere kildernes vidneværdi. Men en kilde er ikke bare en kilde. Man må nemlig altid spørge: kilde til hvad? Hvad er det, historikeren gerne vil vide, eller hvad gælder den historiske undersøgelse? Før dette spørgsmål er besvaret, kan spørgsmål om kildens værdi slet ikke stilles. Enhver kilde vidner om et eller andet; men spørgsmålet om vidneværdi kan kun besvares i forhold til et emne, som ønskes belyst.

De kilder, en historiker benytter, kan inddeles i to hovedgrupper: levninger og beretninger. Levninger er alle slags efterladenskaber, hvorfra vi vil drage slutninger om den tid og det miljø, de stammer fra: arkæologiske fund, bygninger, alle slags tekster, billeder, båndoptagelser mm. Beretninger er samtidig levninger fra den tid og den kreds, der har frembragt dem; men som beretninger hævder de en viden om netop de begivenheder og tilstande historikeren er i færd med at undersøge. Vi kan altså ikke sige at den ene kilde er en levning, den anden en beretning; vi må sige at vi udnytter den ene kilde som levning, den anden som beretning.

Langt den største og vigtigste del af religionshistoriens kilder er religiøse tekster, og for størstedelen af dem gælder det, at det ikke giver mening at ville udnytte dem som beretninger. Vi stiller ikke spørgsmål som "stjal Prometheus virkelig ilden fra Zeus?" eller "var det virkelig Kain, der slog Abel ihjel?" De pågældende myter vidner som levninger om hvad man har fortalt, tænkt og forestillet sig, men vi søger ikke i dem en kerne af faktisk stedfundne hændelser, og det kommer derfor ikke på tale at undersøge dem kritisk som beretninger. Men der findes religiøse tekster, som hævder at vide noget om historiske spørgsmål. Det gælder fx evangeliernes beretninger om Jesu liv og de islamiske traditioner om profeten Muhammed.

"Djævelens forvendte efterligning ..."

Om levninger gælder, at de ikke kan lyve; de er ofte flertydige og kan tolkes forkert, og i denne forstand kan de såmænd være bedrageriske nok; men de er principielt ikke sande eller falske. Udnytter vi derimod en kilde som beretning, må vi tage kritisk stilling til dens vidneværdi. En beretning, altså en kilde der hævder at vide noget om det, vi undersøger, kan jo være pure opspind fra ende til anden, den kan være fortegnet og tendentiøs, og den kan indeholde misforståelser. Lad os som illustration betragte et eksempel: I et skrift fra 347 e.v.t. *Om de hedenske religioners vildfarelse* af kirkefaderen Firmicus Maternus kan vi læse følgende svada om et hellenistisk mysterieritual (Firmicus kalder det et symbol):

Også et andet symbol fremfører vi, for at den besmittede tænknings forbrydelser må åbenbares - et symbol, hvis hele indretning må omtales, for at det kan stå fast for alle, at den guddommelige ordnings lov er blevet fordærvet ved djævelens forvendte efterligning. I en bestemt nat lægges et gudebillede udstrakt på en bærestol, og det begrædes ved klagesange af et antal mennesker i en bestemt rækkefølge. Når de derefter har fået nok af denne opdigtede veklage, bæres et lys ind. Så bliver alle de, som holdt veklage, salvet på halsen af præsten, og når de er salvede, hvisker præsten langsomt mumlende disse ord: "Fat mod, I myster, nu da guden er frelst; thi også for Eder er der frelse fra Eders møje."

Hvorfor opfordrer Du de ulykkelige til at glæde sig? Hvorfor tilskynder Du de bedragne mennesker til at fryde sig? Hvilket håb, hvilken frelse lover du dem ved fordærvelig indbildning. Hvorfor forfører Du dem ved et falsk tilsagn? Din guds død er kendt nok, men hans liv viser sig ikke, og hverken taler et guddommeligt orakel nogensinde om hans opstandelse, ej heller viser han sig for menneskene efter døden, for at man skal tro på ham. Ingen beviser har han forud givet på denne gerning, heller ikke har han ved forudgående eksempler vist, at han ville gøre dette.

Du begraver et gudebillede, Du begræder et gudebillede, Du fører et gudebillede frem af graven, og når Du har gjort dette, glæder Du Dig, Du ulykkelige. Du befrier din gud, Du sammenføjer de kraftesløse stenlemmer, Du retter den følelsesløse sten op. Lad din gud takke Dig, lad ham gengælde Dig med de samme gaver, lad ham ville, at du bliver delagtig med ham - at Du dør således, som han dør, at Du lever således, som han lever." (*De errore profanarum religionum* XXII, 1-3, overs. C.I. Scharling 1919).

Betragtet som levning vidner denne tekst om en kristen forfatters opfattelse af en mysteriereligion: Det er djævelen, der driver sit spil med de arme hedninge i et forsøg på at forstyrre Guds frelsesplan. Kulten af en døende og genopstående gud er kun en perverteret efterligning af et centralt kristent tema og har udelukkende til opgave at forvirre og bedrage. Firmicus ser da en opgave i at understrege forskellen mellem Kristi død og opstandelse og den fremmede kults tema: Kristus har givet beviser for at han kunne besejre døden - Firmicus tænker her sikkert på evangeliernes beretninger om dødeopvækkelser, som man netop på hans tid var meget optaget af. Desuden har Kristus vist sig (for apostlene) efter døden, og dermed er hans opstandelse et bevidnet brud på naturens normale orden. Dette er uden tvivl tænkt som en kontrast til den ikke-kristne kult, der blot atter og atter gennemspiller et mytisk tema.

På denne måde er Firmicus' tekst et interessant vidnesbyrd om den kontrastering af myte og historie, af en ikke-kristen cyklisk tidsopfattelse og Guds frelsesplan, som vi også finder hos andre kristne forfattere i 2.-4. Århundrede. For den kristendom, de repræsenterede, var det netop vigtigt at afgrænse sig mod gnosticismen og samtidens ikke-kristne religioner. Når vi studerer dette tema i teksten, udnytter vi den altså som levning.

Men i samme øjeblik vi begynder at studere det beskrevne mysterieritual, går vi over til at udnytte teksten som beretning. Teksten hævder at vide noget om dette ritual og dets "hele indretning". Efter hvad vi allerede har sagt om teksten betragtet som levning, altså som et vidnesbyrd om den tidlige kristendoms afgrænsning mod 'hedenskabet', må vi på forhånd forvente en stærkt tendentiøs beretning. Hertil kommer, at hele skriftet *Om de hedenske religioners vildfarelse* har som sin udtalte hensigt at åbne kejserens øjne for, at han bør udrydde de sidste rester af ikke-kristne religioner. I teksten selv kan vi også nemt konstatere, at der bruges flere ord på fordømmelse end på en egentlig skildring af ritualet.

Det er også vigtigt at spørge, hvor meget Firmicus kan have vidst om det ritual, han skildrer. Andre steder i skriftet er det tydeligt, at han ikke bygger på nogen grundig og sammenhængende indsigt i de kulte, han fordømmer. I dette tilfælde kunne man hæfte sig ved, at der antydes et helt rituelt, dramatisk forløb, hvor en gud ligger død og begraves og tages frem af graven igen. Der holdes tillige dødeklage, og der er en dramatisk repræsentation af samlingen af gudens lemmer. Alle disse elementer kan identificeres i den ægyptiske gud Osiris' kult, og andre kilder fra 4. århundrede godtgør, at Osirismysterier var kendt i den hellenistiske verden også uden for Ægypten. Hertil kommer, at Firmicus kender en ritualtekst, som han citerer på græsk: "Fat mod, I myster ..."

Vi har altså grund til at tro, at Firmicus sidder inde med en reel viden om de Osirismysterier, han skildrer, men samtidig er det klart, at hans beretning ligesom er styret af den sammenligning med et centralt kristent tema, som er hele nerven i den polemik, han fører. Dette kalder historikere beretningens ˇtendensˇ; der medtages kun de enkeltheder, der giver afsæt for denne polemik. Nettoresultatet af udnyttelsen af teksten som beretning bliver da, at en kombination af de konkret nævnte elementer af Osiris' kult udgjorde et mysterieritual, som var kendt på Firmicus' tid, og at deltagerne i dette ritual tænktes at blive frelst ved delagtighed i det der sker med guden i ritualet. Derimod er det farligt at slutte noget af tekstens lidet konkrete antydning af, at her er noget, der giver sig ud for opstandelse, men ikke er det. Denne oplysning er i den grad et led i tekstens tendens, at den ikke alene kan være belæg for at deltagere eller præsteskab i den skildrede mysteriekult hævdede, at Osiris opstod fra de døde (Podemann Sørensen 1989).

Kritik og rekonstruktion

I arbejdet med kilderne står historikeren ofte over for flere beretninger om samme begivenheder eller tilstande. Det bliver da vigtigt at få klarlagt slægtskab og afhængighed imellem dem. En beretning, der er helt afhængig af en tidligere beretning - altså ikke har nogen viden, som ikke var i den tidligere beretning, kaldes en sekundær kilde. Den har ingen værdi som beretning, men betragtet som levning kan den på en interessant måde vidne om sin tids interesse for og opfattelse af beretningens emne. Sekundære kilder kan ikke være belæg for at en begivenhed virkelig har fundet sted eller en tilstand virkelig har rådet. Var den første beretning pure opspind, bliver den sekundære det også. Var den første beretning sand, føjer den sekundære intet til. Det kan imidlertid være vanskeligt at afgøre, om en kilde er helt og holdent sekundær. Hvis den afviger fra den primære kilde, kan det jo skyldes, at den tillige udnytter en anden kilde. En anden mulighed er at begge kilder på hver sin måde udnytter en tidligere kilde, som ikke længer foreligger. Afgørende bliver det her, om afvigelserne fra den primære kilde er rene følgeslutninger eller udfyldninger, afhængige af den sekundære kildes stil og tendens. Kan afvigelserne ikke forklares på denne måde, er den senere kilde ikke sekundær, men må tages med i betragtning når der fra kilderne skal tegnes et sammenhængende billede.

At tegne dette sammenhængende billede er det sidste og afgørende vovestykke i den historiske rekonstruktionsproces. Det er på én gang kunst og videnskab og kan aldrig reduceres til en række rutiner. Men tidligere erfaringer kan udmøntes i en art checkliste: Når alle tilgængelige primære kilder er samlet, forestår der et kritisk og sammenlignende arbejde. Tager man blot alt med, opstår der det, man kalder en *kompilation,* dvs. man tegner et billede af fortiden, der er foreneligt med alle påstande i et antal beretninger. Det ville være at se helt bort fra noget, vi udmærket ved: at det sete afhænger af øjet, der ser. Nogle forfattere skildrer fx fortiden stærkt idealiserende, andre som et højst mangelfuldt forstadium til nutiden. Det er nødvendigt at prøve kilderne kritisk og søge alle forskelle i beretningerne forklaret ud fra hver enkelt beretnings tendens og dens forfatters mulighed for at opnå den viden, han hævder at være i besiddelse af. Selv den omhyggeligste prøvelse kan langtfra altid skaffe fuld sikkerhed, men man minimerer i det mindste den risiko, som foreligger ved en ligefrem kompilation: at to eller flere forskellige skildringer af én og samme begivenhed bliver til to eller flere begivenheder.

Sataniske vers.
Til alle beretninger må historikeren stille det vigtigste af alle spørgsmål: Hvorfor var det interessant eller nærliggende at fortælle netop dette på netop denne måde på netop dette tidspunkt? Det er frem for alt besvarelsen af dette ofte ret omfattende spørgsmål, der gør det muligt at foretage valg mellem forskellige beretninger og i det hele taget frasortere tendensafhængige oplysninger. Det indebærer en udnyttelse af den enkelte kilde som levning, altså som vidnesbyrd om egen tid og eget miljø. Men hvis en kilde har oplysninger, der stemmer godt med dens tendens, kan de naturligvis stadig være rigtige. Det kan vises, hvis andre primærkilder uden denne tendens har de samme oplysninger, og det kan altid tænkes, at der et eller andet sted i det totale kildemateriale er noget, der taler for deres rigtighed. Det man kan sige er at tendensafhængige oplysninger i en beretning ikke alene kan stå som belæg for de pågældende begivenheder eller tilstande. Et interessant eksempel er traditionen om de såkaldte "sataniske vers" i Koranen. Den var en del af baggrunden for Salman Rushdies roman af samme navn, og hans brug af denne tradition som romanens titeltema var uden tvivl medvirkende til den stærke fordømmelse, der mødte bogen fra muslimer i Europa og Mellemøsten. I Iran dømtes dens forfatter (in absentia) til døden.

De berømte sataniske vers står ikke i Koranen. I et kapitel (53, 19-23), som regnes til Muhammeds tidlige forkyndelse i Mekka står der:

"Hvad mener I om Allat, al-Uzza og Manat, den tredje med dem - at I får det mandlige afkom og Han det kvindelige ? Det ville være en urimelig fordeling! Det er ikke andet end navne, som I og Eders fædre har brugt. Gud har ikke åbenbaret nogen myndighed for dem....."

Allat, al-Uzza og Manat er de tre gudinder, døtre til Allah, som især dyrkedes i det førislamiske Mekka, og det er den polyteistiske tanke om en alt for menneskelig gudefamilie, der afvises i Muhammeds radikalt monoteistiske forkyndelse. Men der findes inden for Islam en tradition, der hævder, at Muhammed oprindelig om de tre gudinder skulle have sagt:

"De er de ophøjede traner, på hvis forbøn man tør håbe."

Han skulle altså have anerkendt de tre mekkanske gudinder som formidlere mellem mennesker og Gud, måske, som nogle har ment, for at vinde mekkanerne for sin forkyndelse. Allerede dagen efter skulle han imidlertid have tilbagekaldt de fatale vers som noget, djævelen havde indgivet ham, og erstattet dem med den radikale afvisning af polyteismen, som siden har stået i teksten.

Traditionen er gennemført ejendommelig og virker på forhånd helt usandsynlig. Den konsekvente og radikale monoteisme er et grundtræk i Muhammeds forkyndelse, og enhver form for privilegeret forbøn eller overhovedet formidling mellem mennesker og Gud afvises i Koranen. Den der taler om ophøjede traner forkynder ikke længere Islam. Men netop fordi historien om de sataniske vers strider mod centrale islamiske dogmer, men alligevel er bevaret inden for islamisk tradition, har man i Vesten i høj grad fæstet lid til den. Man opfatter med andre ord historien som ikke tendensafhængig, idet den formidles af islamisk tradition, men i sig selv er mildest talt uislamisk.

Men for en nøjere kildekritisk prøvelse tager sagen sig noget anderledes ud: Der er kun én primær kilde, historikeren og korankommentatoren *at-Tabari* fra 900-tallet, en lærd og from muslim. Spor af historien findes allerede fra 800-tallet, og der er gode argumenter for at at-Tabari ikke har opdigtet den selv. Alligevel er det hos ham, vi må søge den interesse, der i samtiden kunne være i at fortælle denne historie. Havde at-Tabari kunnet spørges, ville han sikkert have bekræftet, at formålet med hans arbejde i største almenhed var at fremme Islam. Men historikeren kan ikke nøjes med en så almen bestemmelse af tendensen i en beretning; det er nødvendigt at spørge mere specifikt hvad der gør historien om de sataniske vers interessant for at-Tabari og hans læsere. Og svaret skal man ikke lede længe efter: at-Tabari fortæller historien i en kontekst, der hverken er historisk eller biografisk, men teologisk. Han er i færd med at etablere et princip af største betydning for brugen af Koranen som rettesnor, nemlig at senere åbenbaringer kan tilbagekalde og omstøde tidligere åbenbaringer. I denne argumentation passer historien om de sataniske vers perfekt. Den er altså langtfra tendens-uafhængig, nærmest tværtimod. Da den ikke bekræftes af andre primærkilder og faktisk, som der altid har været enighed om, er meget usandsynlig, står vi således uden gyldigt belæg for historien om de sataniske vers. Man kan stadig mene, at historien er sand - men man kan ikke meningsfuldt hævde, at man er nået til denne opfattelse ved metodiske historiske studier. (Burton 1970, Thomassen 1997).

Rekonstruktion, kontekst og repræsentativitet.
Når et sammenhængende billede skal tegnes, er der altid
tale om en rekonstruktion. Ligesom arkæologen af en ruin
rekonstruerer en statelig bygning, sådan må historikeren
udtænke sammenhænge, som ikke direkte fremgår af
kilderne. Selv samtidshistorikeren kan ikke vente at finde
alle sammenhænge i et begivenhedsforløb direkte belyst af
kilder eller egne observationer. Fantasi er uden tvivl et
vigtigt aktiv til denne del af opgaven, men det gælder
alligevel om at minimere dens rolle mest muligt. Ligesom
arkæologen bygger sin rekonstruktion på de omhyggeligste
målinger og på indgående studier af sammenlignelige
bygninger, sådan må historikeren drage omsorg for, at mest
muligt af den historiske rekonstruktion beror på konkrete
følgeslutninger fra kildematerialet selv og dets nærmere
historiske kontekst. Det er her på sin plads at citere den
strenge formulering hos en af kildekritikkens fædre, Ernst
Bernheim (1926: 168):

”Historikeren må ikke, sådan som digteren, skaffe meningsfuld
sammenhæng til veje ved at supplere med ren og skær almen
menneskekundskab (...) For at forestille sig begivenhederne på deres
egne præmisser må han tværtimod nøjagtigt og detaljeret sætte sig
ind i den pågældende tids og det pågældende miljøs specifikke
forudsætninger. Hvert eneste træk, som han optager i sin forestilling
og føjer ind i billedet af sammenhængen, må bero på vidnesbyrd i
kilderne; der må ikke tildigtes noget ud fra æstetiske eller etiske
synspunkter ...”

Hvad Bernheim her har i tankerne er først og fremmest
begivenhedshistorie, men hans pointe gælder i lige så høj
grad de religiøse forestillingers historie. Når man arbejder
med religiøse tekster og prøver at danne sig et forståeligt og
sammenhængende billede af et eller andet tanke- og
forestillingskompleks, kan det være fristende at tildigte en

religiøs forestilling, som får det hele til at se meget meningsfuldt ud – selvom denne forestilling intetsteds i teksterne kommer klart til udtryk og heller ikke findes i samtiden. Men også her gælder Bernheims regel: "Der må ikke tildigtes noget ..." I religionernes brogede verden møder vi de mærkeligste forestillinger, og der er ligesom ingen fornuftige grænser for hvad der lader sig formode på dette område. Hvis vi tillader os frit at indsætte religiøse forestillinger ud fra ren formodning, som en genvej til et forståeligt og sammenhængende billede, så ender vi med en usikker konstruktion og går måske glip af det mest interessante. Vi må altid - så vidt det overhovedet er muligt - i vore tolkninger og i vor søgen efter sammenhæng holde os til det, der foreligger eksplicit repræsenteret i vore kilder og deres nærmeste kontekst. Ellers opdager vi måske aldrig, at for andre folk, på andre steder og til andre tider, hænger tingene ofte sammen på helt andre måder. Det er vel en naturlig menneskelig tilbøjelighed at opfinde det der mangler. Men i studiet af andre folks religion skal vi ikke gøre det på deres vegne.

I det foregående har vi flere gange nævnt kildernes kontekst som noget meget vigtigt. Når der ud fra en gruppe tekster og/eller billeder skal tegnes et billede af et religionshistorisk emne, er kildegruppens samtidige kontekst vejledende – og begrænsende – for fortolkningen. Det gælder både den helt nære kontekst, altså den brugs- eller kommunikationssituation, hvori kilderne oprindelig indgik, og den bredere, historiske kontekst, især de kultur- og socialhistoriske forhold i den periode, kilderne stammer fra. Læser man fx en dedikation til kongen i en bog fra 1700-tallet, kan man som nutidig læser nemt få det indtryk, at denne forfatter nærede en nærmest sygelig beundring og hengivenhed for monarken. Men når man ved, at så at sige enhver bog af betydning fra denne tid var dediceret til kongen, som den ofte skyldte en eller anden form for finansiering, og at de højstemte formuleringer var ren konvention, så indser man, at dedikationer af denne art ikke kan være kilder til forfatteres sjæleliv. De rummer ikke flere oplysninger herom end nutidens mere beskedne "Denne bog er trykt med støtte fra Statens humanistiske Forskningsråd." Egentlig siger det sig selv, at den samtidige, nærmere kontekst altid er en pålideligere ramme om en tolkning end det som Bernstein kalder 'almen menneskekundskab.' For bag den såkaldte almene menneskekundskab ligger ofte vor egen tids og vort eget miljøs konventioner, som har ret begrænset gyldighed. På den anden side må man være opmærksom på at enhver bredere historisk forståelse også må bygge på kendskab til tidligere og senere perioder. Kontrasteringen af hvordan man i 1700-tallet og i dag anerkender støtte til en bog er også en kilde til historisk erkendelse.

Et folks eller en periodes religion skildres ofte bredt generaliserende, som om alle tænkte og handlede ens og som om alle kendte den religiøse tradition lige godt. Det kan blive helt umuligt at skildre religion uden denne brede pensel, men i arbejdet med kilderne er det vigtigt så præcist som muligt at skaffe klarhed over hvor repræsentative de er. En båndoptagelse af en samtale med en indfødt er ikke nødvendigvis repræsentativ for hele stammen, endsige da for hele kontinentet. Sæt, det var landsbytossen, man havde talt med! Eller hvis det var øverste tordenpræst eller en professor i teologi, hvem siger da at nogen uden for de religiøse specialisters kreds overhovedet ville være i stand til at følge hans tankegang? I studiet af oldtidens religioner er det skriftlige kildemateriale i det højeste direkte repræsentativt for de dele af befolkningen, som kunne læse og skrive; det kan nogle steder have været under 1 % (Baines & Eire 1983). På den anden side er det her ikke landsbytossen der kommer til orde; bag den enkelte religiøse tekst står ofte et helt hierarki eller en indflydelsesrig gruppe af religiøse specialister, som forvaltede en gammel og hævdvunden tradition. Sådanne tekster har en kulturel repræsentativitet, som rækker ud over den snævre kreds, der håndterede dem.

Kanoniske tekster
De religiøse litteraturformers forskellige status er lokalt bestemt, og de enkelte religiøse traditioner har hver deres karakteristiske teksttyper. I studiet af visse religioner spiller begrebet *kanon* en særlig rolle. Kanon betyder egentlig en lineal, og kanoniske tekster er tekster der har status som rettesnor. Samtidig er en kanon en afsluttet tekstsamling, der ikke optager nye medlemmer. Man kan fx. ikke komme løbende med *Dødehavsrullerne* eller Søren Kierkegaards *Enten eller* og forlange dem optaget i *Det ny Testamente.* Det er heller ikke muligt at gøre tilføjelser til *Koranen,* som har haft sit nuværende indhold siden kaliffen Uthman (644-655) fastlagde den autoritative samling af profeten Muhammeds åbenbaringstekster. Det betyder at ingen ny religiøs tekst, hvor smuk eller rigtig den end måtte være i de troendes øjne, kan opnå samme status som Koranens tekster.

Bag en kanon står altid kredse eller institutioner, der har magt til at kræve den afsluttede kanon respekteret. Den en gang for alle fikserede tekst bliver i historiens løb brugt som rettesnor i mangfoldige forskellige situationer, og også tolkningen og den praktiske udmøntning af den er i reglen i hænderne på personer med en særlig autorisation. Den kanoniske tekst afspejler således ikke direkte en hvilken som helst periode i den pågældende religions historie. Korantekster kan studeres som kilder til Muhammeds forkyndelse eller til hans tidlige menigheds historie; men undersøger vi et emne fra islams senere historie, må vi tillige studere de samtidige fortolkninger af Koranens tekst. Fra tid til tid og fra sted til sted kan både folkelige og teologiske tolkninger af kanoniske tekster variere uhyre meget. En kanon forbinder i virkeligheden ofte folk af vidt forskellig religiøs opfattelse (Smith 1982, pp. 36-52; Thomassen 1992).

Mundtlig tradition
Hvis problemet med kanoniske tekster er at de ikke selv vidner om en given tids eller lokalitets fortolkning, så er problemet med mundtlig tradition det stik modsatte. Et stykke mundtlig tekst, nedskrevet eller optaget på bånd på et bestemt sted og på et bestemt tidspunkt, er et øjebliksbillede af traditionens liv. Den samme person kan fortælle en historie forskelligt i forskellige situationer, og fra den ene fortæller til den anden kan der være store forskelle. Den fulde udnyttelse af den enkelte version forudsætter kendskab til hvordan og i hvilken situation den er blevet fremført. Desværre er det ofte sådan, at de store indsamlinger af mundtlige tekster har fundet sted uden for den kontekst, hvor teksterne normalt bruges. I sådanne tilfælde må man ligesom ved tekstfund fra Oldtiden søge brugskonteksten bestemt ud fra teksterne selv eller på grundlag af andet kildemateriale.

Hverken mundtlige eller skriftlige tekster overleveres i fuldstændig fast og uforanderlig form. Men i højere grad end skriftlige kilder er mundtlig tradition udsat for forandring og tilfiling gennem overleveringen. Denne gradvise tilfiling former traditionens stof og bringer det i overensstemmelse med det pågældende miljøs hele verdensopfattelse. Hvad der oprindelig var en øjenvidne-skildring af en enkeltstående begivenhed kan således ende som en fortælling, der udtrykker denne verdensopfattelse, et verdensbillede i fortællingens form. I den forbindelse er det værd at huske, at megen skriftlig tradition har haft en fortid som mundtlig tradition. Det gælder de homeriske digte, de japanske krønnikeværker *Kojiki* og *Nihongi,* Saxos *Danmarkskrønnike* og dele af *Det ny Testamente* - for blot at nævne nogle eksempler (Vansina 1985; Finnegan 1992). Den tilfilede tradition har således ringe værdi som kilde til den oprindelige begivenhed, mens den er en guldgrube for studiet af verdensopfattelsen hos traditionens bærere.

I bedømmelsen af mundtlige teksters historiske kildeværdi, alder mv. er det vigtigt at skelne mellem tekster i fast, bunden form og tekster i fri form. Tekster i bunden form er fx ritualformler, høvdinge- og præstetitler, ordsprog, gåder og historiske og religiøse digte. Her er det en ordlyd, der overleveres, og den overleveres tilmed ofte af en særlig social institution, som borger for en ubrud traditionskæde. Tekster i fri form er især fortællinger: myter, eventyr, sagn, beretninger. her er det ikke en ordlyd, men et indhold, der overleveres, og man må derfor regne med en betydelig variation fra den ene version til den anden. Men netop denne variation kan, når frie fortællinger udnyttes som levninger, fungere som et fintmærkende barometer for kulturelle forandringer.

Religiøse tekster som kilder
Den klassiske historiske kildekritik er først og fremmest formuleret med henblik på begivenhedshistorie. Her får beretninger og beretningskritik meget stor vægt, og en del moderne historikere har påpeget det problematiske i den i

bund og grund positivistiske vision, der ligger bagved; det er som om den klassiske kildekritik ser den historiske sandhed som noget, man ved kritisk arbejde med kilderne kan afdække. Det er uden tvivl en alt for bastant betragtning, som man med nutidig bedreviden kan bebrejde kildekritikkens fædre, men det står dog fast at kildekritikkens begreber udgør en særdeles nyttig checkliste for dem der søger velargumenteret viden om fortidens eller for den sags skyld samtidens begivenheder.

Men historie er meget andet end begivenheder, og vi ser navnlig i de mere specialiserede former for historie, at levningsudnyttelsen bliver langt vigtigere end beretningskritik. Det gælder fx retshistorie, hvor det gælder om at udnytte retsdokumenter (love, domme, retstaler, anklageskrifter mv.) ikke så meget som vidnesbyrd om enkeltbegivenheder, men især som udtryk for retstilstanden og retsopfattelsen i et bestemt tidsrum. Det gælder også økonomisk historie, hvor regninger, regnskaber og opgørelser af ressourcer er de sikreste indikatorer for økonomiers omfang og udvikling. Hvor den historiske interesse er alment kulturhistorisk, gælder noget tilsvarende. Religionshistorien er ikke uden begivenheder, men også her ligger hovedvægten på de allerfleste forskningsfelter på udnyttelsen af levninger: religiøse tekster, billeder, bygninger, observerede religiøse handlinger, udtalelser mv. Og ligesom retshistorikeren og den økonomiske historiker må blive dygtig til at forstå retsdokumenter og økonomiske dokumenter og vurdere deres værdi som kilder, sådan må religionshistorikeren udvikle sin særlige kompetence i forhold til religiøse tekster, udtalelser, billeder og handlinger. Om denne kompetence kredser også de følgende kapitler om filologiske, hermeneutiske og komparative metoder, men inden vi forlader det historisk-kildekritiske perspektiv kan der være grund til at spørge hvad religiøse tekster kan vidne om.

De vidner selvfølgelig om religion, men religion er en luftig og ikke mindst en omdiskuteret størrelse, og det gør det ikke lettere at religiøse tekster ofte selv hævder at vidne om en virkelighed, der ikke er tilgængelig med normale menneskelige midler. Historikeren kan ikke betragte myter som beretninger eller bønner som trådløs kommunikation, men må konsekvent anskue alle religiøse tekster som levninger eller, som Erslev også kalder dem, frembringelser. Fra menneskelige frembringelser, siger Erslev (§64), kan vi i princippet slutte til den aktivitet, der har frembragt dem. Hvad der måske er endnu mere interessant, er at menneskelige frembringelser som tekster, billeder, bygninger, redskaber også med ret stor sikkerhed vidner om den aktivitet, hvori de indgik. Myter fra et bestemt sted og en bestemt tid vidner altså om, at der på dette sted og på denne tid blev fortalt myter, hvordan de blev fortalt og hvad der blev fortalt i dem. Tilsvarende vidner en bøn om at der blev bedt, hvordan der blev bedt etc. Navnlig tidligere ser det ud til, at mange har opfattet religiøse tekster som umiddelbare vidnesbyrd om menneskers forestillinger og religiøse følelser. Det er en vidtrækkende fejltagelse, som kunne være undgået ud fra historisk-metodiske grundsætninger, der egentlig er indlysende: Religiøse tekster vidner som alle andre menneskelige frembringelser om den aktivitet, der har frembragt dem, og den aktivitet, de indgik i. I teksterne kan der være formuleret religiøse forestillinger, attituder mv., men også disse tjener den aktivitet, hvori de indgår, og kan ikke uden videre betragtes løsrevet derfra. Selvom præster i mange forskellige kristne kirker regelmæssigt uden forbehold siger at et lille brød eller en oblat er Kristi legeme, kan vi ikke deraf slutte, at de ikke til daglig anerkender forskellen på bagværk og menneskekød. Og ligesom vi ikke af et gammelt brev, underskrevet med 'allerunderdanigst' eller 'Eders ydmyge Tjener', kan slutte at brevskriveren var et meget beskedent menneske, sådan kan vi heller ikke slutte af en babylonsk såkaldt bodssalme, der udmaler brugerens mange misgerninger og store elendighed i syndens klæbrige sump, at de gamle babyloniere gik omkring og pintes i en stadig syndsbevidsthed. Den salme hører hjemme i en rituel kontekst, hvor netop denne attitude skulle dramatiseres, og teksten er ikke en kilde til hvordan folk gik og havde det.

Filologiske og hermeneutiske metoder

Tekstkritik

Den type kilder, som traditionelt benyttes hyppigst, er tekster, ofte tekster, der er overleveret gennem mange generationer i nye og atter nye afskrifter. Når et håndskrift afskrives, sker der fejl, og det hænder også, at en afskriver tilføjer noget eller søger at forbedre noget, som han anser for fejl. Ønsker man at benytte en tekst som kilde til den tid, hvor den forfattedes, er det altså vigtigt at eliminere alle senere ændringer og så vidt muligt nå tilbage til tekstens oprindelige ordlyd. Dette arbejde kalder man tekstkritik eller recension. Det har nået en særlig høj udvikling inden for den klassiske filologi, hvor man netop oftest arbejder med flere forskellige afskrifter af den samme græske eller latinske tekst. Først sammenholder man alle kendte håndskrifter og forsøger at opstille en art stamtavle (*stemma*) over dem. På denne måde kortlægges håndskrifternes indbyrdes afhængighed eller uafhængighed. Midlet til at fastslå dette er skrive- og kopieringsfejl. Hvis et håndskrift har en fejl, hvor et andet har noget, der ser ud til at være en rigtig og oprindelig formulering, er det sandsynligt, at det korrekte er uafhængigt af det fejlagtige. Men samtidig ved vi, at oldtidens og middelalderens skrivere også rettede i teksten, når noget forekom dem forkert - eller de læste teksten på den måde som for dem var den mest ligefremme. Det kan da være vanskeligt at kende forskel på en oprindelig formulering og en senere mere eller mindre velbegrundet rettelse. På lidt sikrere grund står vi, når to eller flere håndskrifter har de samme klare og utvivlsomme fejl. De må da nødvendigvis være indbyrdes afhængige. Men igen gælder det, at kvikke skrivere kan have rettet fejlene, og på den måde kan afhængigheden sløres.

Renaissancens lærde havde ofte kendskab til flere håndskrifter af samme tekst og var så småt begyndt at arbejde som nutidens filologer. De kunne da foretrække snart det ene, snart det andet håndskrifts læsemåde. På denne måde kan to oprindelig helt uafhængige håndskrifttraditioner smitte af på hinanden. Opstillingen af en *stemma*, håndskrifttraditionernes stamtræ, er således en overordentlig kompliceret affære. I tilfælde, hvor der er mange håndskrifter kan det være næsten umuligt. I tilfælde hvor kun meget få håndskrifter er bevaret, bliver sandsynligheden for at finde tilbage i nærheden af den oprindelige tekst lille. Stemmaen bruges til at sortere og vurdere materialet: håndskrifter der er helt afhængige af et ældre håndskrift kan sorteres fra. De er værdiløse, undtagen for så vidt som de indeholder brugbare rettelsesforslag. Derefter må de uafhængige håndskrifter sammenholdes, og der må træffes valg mellem afvigende formuleringer. Her kan arbejdet med *stemma* igen blive betydningsfuldt: Hvis det fx. er godtgjort, at et renaissancehåndskrift hist og her har formuleringer, der skyldes supplerende brug af et ældre, nu tabt håndskrift af høj kvalitet, kan der måske være grund til at give disse forrang for ellers velbevidnede læsemåder.

Etableringen af den rigtigste og oprindeligste tekst beror således på en næsten uoverskuelig række af minutiøse skøn. I disse skøn hjælpes filologen af sit kendskab til den pågældende forfatter og hans tid og af sit indgående kendskab til typiske kopieringsfejl og typiske "rettelser." Moderne filologer delagtiggør imidlertid deres læsere i deres skøn, rettelser mv. i et såkaldt tekstkritisk apparat, der viser de forskellige håndskrifters varierende formuleringer, tidligere udgiveres rettelsesforslag mv.

En side af en tekstkritisk udgave (v. J.S. Phillimore) af den romerske digter Properts. Det tekstkritiske apparat nederst på siden angiver læsemåder med ordinær skrift, alt andet med kursiv. Efter hver læsemåde angives de håndskrifter, hvori den findes, med en forkortelse; fx. betegner *N* et håndskrift i Napoli fra 12. århundrede. Bogstaver som *f* eller *v* betegner i denne udgave forskellige personer, der har rettet i håndskrifterne, enten i teksten el ler i marginen. - I den første note, til linje 34, får vi således at vide, at læsemåden tegebat, 'dækkede', findes i *N* og i en rettelse i *L*. Efter : angives den alternative læsemåde regebat 'styrede', som findes i de øvrige (*ceteri*) håndskrifter. I denne udgave betegner *O* overensstemmelse mellem de vigtigste håndskrifter, dvs. *O* #står i stedet for *NFLDV*. Efter en læsemåde kan også angives navnet på en filolog, der har foreslået den, fx. Guyetus, Itali, Passerat, Schrader, Markland.

I sidste linje på siden er der store problemer; de himmelske guder kan man bevæge med bønner, hedder det, men når dødsrigets færgemand har fået sin kobbermønt, lukker den rædselsvækkende (egl. 'bleggule') port uigenkaldeligt *herbosos rogos*, 'den græsbevoksede grav/bålplads ?' Det er et stærkt, men dunkelt poetisk billede, hvor det blege græs, der gror hen over grav eller bålsted, for tanken ligesom smelter sammen med dødsrigets port. Flere håndskrifter er ikke helt med og læser fx. *umbrosos*, 'skyggefulde' i stedet for *herbosos*, 'græsbevoksede'. Filologen Markland foreslår *locos,* 'steder' til erstatning for *rogos*, som håndskrifterne ellers er enige om - alii alia, 'andre noget andet'. Det dunkle poetiske billede har altså siden Middelalderen tiltrukket ændringsforslag, men bør egentlig blive stående.

dumque aries murum cornu pulsabat aeno,
   vinea qua ductum longa tegebat opus,
Cossus ait 'Forti melius concurrere campo.'   35
   nec mora fit, plano sistit uterque gradum.
di Latias iuvere manus, desecta Tolumni
   cervix Romanos sanguine lavit equos.
Claudius a Rheno traiectos arcuit hostis,
   Belgica cum vasti parma relata ducis   40
Virdomari. genus hic Rheno iactabat ab ipso,
   mobilis e rectis fundere gaesa rotis.
illi virgatis iaculantis ab agmine bracis
   torquis ab incisa decidit unca gula.
nunc spolia in templo tria condita: causa Feretri,   45
   omine quod certo dux ferit ense ducem; .
seu quia victa suis umeris haec arma ferebant,
   hinc Feretri dicta est ara superba Iovis.

XI

DESINE, Paulle, meum lacrimis urgere sepulcrum:
   panditur ad nullas ianua nigra preces;
cum semel infernas intrarunt funera leges,
   non exorato stant adamante viae.
te licet orantem fuscae deus audiat aulae: 5
   nempe tuas lacrimas litora surda bibent.
vota movent superos: ubi portitor aera recepit,
   obserat herbosos lurida porta rogos.

34 tegebat *NLv*: regebat *ceteri*   36 gradum *ς*: gradu *O*
37 di latias *NLDVf*: Romuleas *Fd*   39 a rheno *O*: Eridanum
Guyetus   41 Virdomari *Itali*: Virtomani *N*: Uncomani *DV*,
similia ceteri   rheno *O*: Brenno *ς*   42 nobilis *ς*   e rectis
Passerat: erectis *ς*: erecti *Nf*: erepti *v*: effecti *ceteri*   43 virga-
tis *O*: virgatas *Schrader*   iaculantis *O*: maculanti *Schrader*   ab
agmine (agmina *N*) *O*: sanguine *Schrader*: ab inguine *Beroaldus*
bracis *O*: bracas *Schrader*   45 nunc *NV* (*ex* hunc): hinc *v*:
haec *D*: nec *FL*   46 omine *Nv*: crimine *ceteri*

   XI *cohaeret priori in N*   8 herbosos *NfL*: erbosos *F*: umbrosos
DV, *latet aliquid, fortasse* abrosos   rogos *O*: locos *Markland*,
alii alia

Tekstanalyse

Tekst er et ord der oprindelig (på latin) betyder væv eller fletværk. Analyse er derimod et græsk ord der betyder opløsning. Vi kan da se for os at tekstanalyse er en aktivitet, der består i at udrede trådene i det sammenvævede eller sammenflettede. Men allerede i sen latin betegner *textus* (som et billedligt udtryk) sammenhængen i noget, der er sagt eller skrevet. Og når man overhovedet har brug for at tale om sammenhængen i fx det skrevne, er det selvfølgelig fordi man vil undersøge nøjere, "hvordan det hænger sammen", dvs. hvad meningen er. Deraf opstår den moderne betydning af ordet tekst: noget - som regel noget skrevet eller trykt - som er genstand for meningssøgende undersøgelse. Egentlig kunne man kalde ethvert forsøg på at udrede sammenhæng og mening for tekstanalyse, men her vil vi følge almindelig sprogbrug og skelne mellem tekst- og billedananlyse. Fælles for de to slags analyse er dog at udredning af sammenhænge, altså interne relationer i teksten eller billedet, tænkes at føre til bestemmelse af tekstens/billedets mening.

Man skal ikke studere et humanistisk fag ret længe for at opdage, hvor problematisk begrebet mening eller det delvis synonyme 'betydning' er. Det hænger nok sammen med at alle humanistiske fag på en eller anden måde kredser om mening og betydning. Det er fag, der søger at forstå sproglige, kunstneriske, filosofiske og religiøse udtryk, ofte i tilknytning til historiske problemstillinger. Et af de problemer, der ofte rejses, er om meningen virkelig findes i teksten eller den først bliver til i den der læser eller hører teksten. Det problem er særlig relevant for religionshistorien, for her støder vi ofte på svært forståelige, ja endog meningsløse tekster. Vi behøver ikke at tage på feltarbejde til fjerne lande for at møde problemet; mange af de tekster, der benyttes i nutidens kristne kirker, er meget gamle og selvom retskrivning og sprogform er tilpasset nutiden er spørgsmålet uundgåeligt: hvor meget forstår fru Olsen af udtryk som "helligånds enhed", "kødets opstandelse", "retfærdiggørelse", "de helliges samfund" mm.? Det er udtryk, som indgår i kirkens bekendelser og i gudstjenesten, men samtidig er det omdiskuterede teologiske begreber. Hvis fru Olsen ikke netop har haft stor interesse for teologi og kirkelig sprogbrug, er det sandsynligt, at man gennem en samtale med hende vil kunne fastslå, at hendes forståelse er begrænset. Hun deltager måske nok med liv og sjæl i gudstjenesten, men hun udnytter ikke fuldt ud de muligheder, den tilbyder.

På den anden side er det næppe muligt at fastslå i nøjagtig hvilken grad, hun og andre udnytter de traditionelle former, som gudstjenesten stiller til deres rådighed. Selvom en person ikke er parat til at gå til eksamen i den teologiske forståelse af et ritual, er det meget tænkeligt at vedkommende, uden at kunne sætte ord på, alligevel har en forståelse af det eller en medleven i det, der løber parallelt med det der fremgår af mere ordrige og tankefulde fortolkninger. Egentlig er det vel også både fordomsfuldt og åndshovmodigt at gå ud fra at fru Olsen - eller generelt de menige deltagere - ingenting forstår. Men det vil være lige så forkert at forestille sig, at alle deltagere i et ritual eller alle læsere af en religiøs tekst har samme grad af forståelse og medleven.

Religionshistorikeren har da i realiteten ikke anden mulighed end at forholde sig til hele det "meningspotentiale" som er til rådighed for fru Olsen og andre i tekster, billeder, arkitektur og udtryksfulde handlinger - vel vidende, at næppe nogen af dem udnytter dette meningspotentiale fuldt ud. Det er sikkert rigtigt, at mening først bliver til i mødet mellem tekst og læser, billede og betragter, handling og deltager/tilskuer. Men vigtige forudsætninger for dannelsen af denne mening er dog til stede dels i teksten selv, dels i det vi ved om hvordan man i tekstens samtid og miljø almindeligvis forstod de udtryk, teksten anvender. Ordbogen fortæller os, at de fleste englændere ved ordet *monkey* forstår det samme som de fleste danskere ved ordet 'abe.' Sammenhængen i teksten viser os, om ordet bruges i rent zoologisk betydning, som skældsord eller i en spøgefuld sammenligning. En god ordbog oplyser også om helt specielle anvendelser af et ord, fx *'suck the monkey'* = 'drikke af flasken'. Tilsvarende viden kan vi få om symbolers og motivers religiøse betydning i bestemte miljøer og perioder, og i den religiøse tekst eller det religiøse billede vil vi se dem sammenflettet i en meningsbærende sammenhæng eller struktur. En person fra det pågældende miljø har i princippet den samme struktur for øje, og hvis vore "ordbøger" er gode nok, kan vi indkredse den tekstforståelse, der er mulig i dette miljø. Men vi kan aldrig sige at nu har vi forstået denne tekst præcis som fru Olsen.

Af vore overvejelser indtil nu udkrystalliserer der sig to opgaver for tekstanalysen: at klarlægge tekstens struktur og at komme kundskabsmæssigt på niveau med det miljø, der bruger teksten. Traditionelt har man talt om parafrase, dvs. genfortælling med inddeling i afsnit, således at tekstens hele gang og struktur bliver klar, og realkommentar, dvs. fremskaffelse af al den viden om faktiske (reale) forhold i tekstens samtid og miljø, som er nødvendig for at forstå teksten. Herunder hører også viden om miljøets sprog- og symbolbrug, om forskellige motivers konventionelle betydning mv. Det kan ikke alt sammen slås op i ordbøger. På nogle områder findes der bindstærke realleksika, fx Paulys berømte *Reallexikon der klassischen Altertumswissenschaft* eller *Encyclopedia of Islam.* Men grundlæggende må reale oplysninger udledes af andre kilder, i nogle tilfælde af teksten selv. Den vigtigste af alle realkommentarer er oplysningen om hvordan teksten anvendes, dens brugskontekst eller *Sitz im Leben.* Det er nemlig kun i forhold til en konkret anvendelse, at teksten giver mening. Det kan man være tilbøjelig til at glemme, fordi næsten alle de tekster, man omgås som moderne europæer, er beregnet til lænestolslæsning. Men det er langtfra tilfældet altid i religionernes brogede verden. Her er tekster beregnet til at fremsiges i kor for at holde verden i sin rette bane, tekster der tænkes at afværge sygdom og fare, tekster til at opløse og drikke eller bære indkapslet som amulet, tekster hvis tilegnelse siges at gøre læseren til herre over alle verdener, tekster til at meditere over og tekster der ikke har andet formål end at ledsage den døde i graven og sikre hans bestået som en kilde til liv for sin slægt. Det er i forhold til sådanne vidt forskellige formål og anvendelser, at teksters mening må bestemmes.

Bestemmelsen af tekstens mening eller fortolkningen af teksten er det sidste og afgørende vovestykke. Den må forstås som et produkt af parafrasen og realkommentaren tilsammen, men det siger sig selv, at de to ikke af egen drift finder sammen et sted på skrivebordet. Deres samvirken kræver en aktiv fortolker, fx en universitetsstuderende, der arbejder på at forstå teksten. I fortolkerens bevidsthed kan parafrasen og realkommentaren bringes i interaktion frem imod en endelig tolkning. Men denne proces kræver utrolig mange valg og skøn fra fortolkerens side. En god fantasi eller evne til at sætte sig i tekstbrugerens sted kan her være værdifuld, men alligevel gælder det også her om at minimere fantasiens og gætteriets indflydelse på det endelige resultat. Den solide fortolkning er kendetegnet ved, at mest muligt beror på parafrasens og realkommentarens interaktion og dermed på et samspil mellem observationer i teksten og reel viden om tekstens historiske og kulturelle kontekst. Man taler her om den hermeneutiske cirkel, dvs. fortolkningens stadige cirkelbevægelser fra detaljen til større og større sammenhænge - først i tekstens selv, så i dens umiddelbare brugssammenhæng og endelig i dens bredere historiske kontekst - og hver gang tilbage igen for at afprøve og revidere de meningsbestemmelser, der er foretaget.

Man kan godt skrive en parafrase og derefter en realkommentar og til slut en endelig fortolkning af en tekst. Som regel vælger man dog en samlet, kommenterende og fortolkende fremstilling. Det har også den fordel, at man så må argumentere for hvordan observationer i teksten spiller sammen med viden om tekstens baggrund og kontekst. Det som er vigtigt ved begreberne parafrase og realkommentar er at skelne mellem det der findes ved observation af tekstens struktur og det der indhentes af viden om tekstens kontekst, dens brugere og disses forudsætninger (ikke mindst deres forhåndskendskab til tekstens navne og begreber).

Men fortolkning er altså noget, man eksperimenterer sig til, i en undertiden lang kæde af hermeneutiske cirkelbevægelser. Vi kan illustrere det med et lille oversættelsesproblem: Den franske sætning

La cuisinière est en tôle, le colonel aussi

rummer to tvetydige ord: *cuisinière* er normalt en kokkepige, men kan også betyde komfur; *en tôle* betyder 'af blik', men i slang-sprog kan det også betyde 'i spjældet'. Begynder vi forfra med kokkepigen, skifter vi hende nok ud med komfuret når vi kommer til *en tôle* og endnu ikke har nogen anelse om at vi står over for slang. Altså: Komfuret er af blik. Men så kommer fortsættelsen: obersten ligeså. Da oberster næppe kan være af blik, men nok kan sættes i spjældet, må vi altså beslutte os for slang-løsningen. Det får os lynhurtigt til at revidere begyndelsen af sætningen, for hvem gider arrestere et komfur? Altså:

Kokkepigen er i spjældet, obersten ligeså.

Sætningen siges at have fået en computer med et oversættelsesprogram til at bryde sammen, men den menneskelige hjerne klarer lynhurtigt hele problemet og tager ikke engang skade af det. Enhver, der har lært lidt fransk og har en god ordbog til rådighed, kan faktisk gøre os kunsten efter, så derfor er der normalt ingen grund til at bruge 8 linjer på en rapport om vore hermeneutiske cirkelbevægelser vedrørende en enkelt sætning. Men med religiøse tekster er det ofte anderledes. Alle ved, at en kokkepige ikke kan være af blik, men kan en gud være træt? Der findes faktisk en del religiøse tekster fra det gamle Ægypten, der bruger et ord, der normalt betyder træt, om en gud. I et enkelt tilfælde har en oversætter simpelthen rettet det til "utrættelig". Derved går denne oversætters publikum glip af noget meget interessant, noget der vækker nysgerrighed, og som der da også er en vældig interessant forklaring på. Her fører de hermeneutiske cirkelbevægelser os langt ud over den enkelte tekst, til andre tekster med lignende udsagn og ind i et tankekompleks af stor betydning for forståelsen af ægyptisk religion. Det er et tankekompleks hvor hele det myldrende, rigt differentierede liv ses som opstået af en uvirksom, forskelsløs enhed. Det der andre steder er en skabelse, er her en opståen, hvor enheden og inertien ligesom er svanger med mangfoldigheden og det myldrende liv. Hver nat glider mennesker i søvnen ind i inertien og urmørket, men netop i kraft af dette korte ophold i en tilstand, der egentlig hører hjemme før verden tog form, vågner de forfriskede til en ny dags mangfoldige gøremål. Og hvor man i flere andre religioner fremhæver en skabergud, der i begyndelsen skabte verden som noget, der var og er forskelligt fra ham selv, der ser man i Ægypten verdens tilblivelse og gudens tilblivelse som to aspekter af samme sag. Når man hver morgen vækkede guden i hans tempel, var det også en genskabelse af verden. Denne tankegang gennemtrænger hele den ægyptiske religion, også de tekster, der taler om den trætte gud. Og efter at have bevæget os rundt i disse større sammenhænge forstår vi også denne detalje: at guden er "træt" betyder at han er i den tilstand af inerti, hvoraf han selv og verden kan blive til på ny. Han er som ved altings begyndelse.

Hvis vi tillod vore hermeneutiske cirkelbevægelser at gå endnu længere omkring, så kunne vi se at denne tankegang ligger tæt på den græske tanke om *kosmos*, den ordnede verden, der opstår af *chaos,* den store tomhed, der var før verden, men som også ligesom havde muligheden for verden i sig. Der er også en lighed med det kinesiske tankemønster, hvor alt er på vej mod sin modsætning: ungt bliver gammelt, yin bliver yang og gammelt bliver nyt igen. Men dermed ville vi allerede være langt inde i det som et senere kapitel handler om, nemlig det tværkulturelle og komparative studium af religion.

Moderne tekstlingvistik

De klassiske regler for tekstanalyse, vi har mødt i det foregående, er stadig gældende, og ved omhyggeligt arbejde kan man nå langt med dem. Men vejen til religionshistorisk tekstanalyse går gennem tekstlingvistikken. Mange har i skolen lært grammatik, der handler om sætningers opbygning, og måske senere semantik, der handler om ords og sætningers betydning, og stilistik, der handler om forskellige måder at danne sproglige udtryk på. Disse tre sproglige discipliner indgår i tekstlingvistikken, eller man kan sige at de er dens hjælpediscipliner, for tekstlingvistikken har sit eget, overordnede anliggende, nemlig hvordan tekster dannes (af ord og sætninger) og hænger sammen.

Men hvor meget skal der egentlig til, før vi taler om en tekst? Normalt forbinder vi vel med begrebet tekst noget der er større end en sætning, i reglen endda betydelig større. Alligevel er det indly sende at udtryk som "Adgang forbudt" eller "UD" i bestemte kontekster og situationer er fuldgyldige tekster, for de er hver for sig i situationen bærer af en komplet mening og udtrykker uden svinkeærinder en helt bestemt kommunikationshensigt. Det der gør en tekst til en tekst er at det sproglige udtryk, hvor mange eller hvor få ord og sætninger det end består af, holder sig til ét emne eller en gruppe af emner, der betragtes under ét eller i en eller anden forstand som sammenhængende.

Sammenhæng er i det hele taget tekstbegrebets alfa og omega. Man har talt om tekstlingvistikkens 7 dimensioner, som egenlig er 7 forskellige slags sammenhæng. Først er der to slags intern sammenhæng i en tekst: (1) *Kohæsion,* som er den sproglige og referentielle sammenhæng. Man

Monstrum grammaticum: diagrammodel af en sætning:

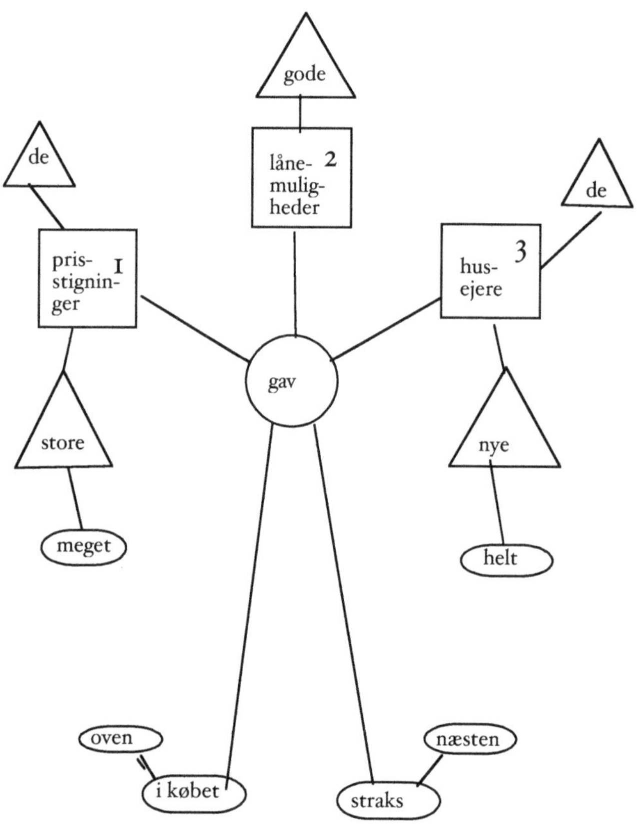

←←←

Sætningen "De meget store prisstigninger gav oven i købet de helt nye husejere gode lånemuligheder næsten straks" i diagramform:

Omkring et *verbal* (udsagnsled: det runde i midten) grupperer sig op til tre *substantiviske* (navneagtige) led. De er vist med firkanter: 1. *Subjekt* (grundled), dvs. det der siges noget om i verbalet. 2. *Direkte objekt* (genstandsled), dvs. det der direkte udsættes for den handling, verbalet beskriver. 3. *Indirekte objekt* (hensynsled), dvs. den eller det der påvirkes af handlingen + det direkte objekt. Endnu en substantivisk ledtype er *prædikativ,* dvs. led der står som ny betegnelse for subjektet, fx: 'Han hedder <u>Olsen</u>', eller for objektet, fx: 'Vi kalder ham <u>Olsen</u>'. Alle de substantiviske led kan yderligere karakteriseres af adjektiviske (tillægsagtige) led, som vises med trekanter. Substantiviske og adjektiviske led kaldes tilsammen *nominale* led. *Adverbialer* (biled: vist med ovaler) karakteriserer verbalet: 4 og 5, eller adjektiviske led: 6 og 7, eller andre adverbialer.

---

må forvente af en tekst, at den med alle sprogets grammatiske, semantiske og stilistiske midler holder sammen på den lille verden af personer, begreber, steder og begivenheder, den refererer til. På side 36 illustreres den sproglige (syntaktiske) sammenhæng i en sætning. Sætningen kan udvides med ledsætninger (bisætninger), men hvis der bliver for mange af dem, bliver sætningen uoverskuelig. En længere tekst kan derfor ikke konstrueres som én sætning. Men sætning kan føjes til sætning ved hjælp af ord som 'derfor', 'samtidig', 'senere', 'endvidere' og mange andre udtryk, der ligesom angiver sammenhængen med den foregående sætning. En særlig rolle spiller her pronomener (stedord), dvs. ord som 'han', 'hun', 'den', 'de', 'dette', der står i stedet for et substantiv (navneord). Et pronomen har altid et korrelat, dvs. et ord, som det står i stedet for, og på den måde skaber det sproglig sammenhæng med det foregående. I vanskelige tekster kan det blive vigtigt at diskutere, præcis hvad korrelatet for et pronomen er. Men også uden pronomener og "endvidere-ord" kan der være masser af sammenhæng i en tekst. Men kohæsionen er da ikke længere af sproglig art; den beror på det referentielle: at sætningerne refererer til den samme lille verden på en stabil og gennemskuelig måde. På den anden side er det klart, at jo mindre letgennemskuelig, tekstens lille verden er, jo vigtigere bliver de sproglige markeringer for forståelsen.

(2) *Kohærens* er den logiske sammenhæng, teksten etablerer. Der kan være tale om årsagsforhold eller om klassifikation eller i det hele taget systematiske relationer. Selvom teksten ikke argumenterer for bestemte logiske forhold, vil den næsten uundgåeligt, blot ved sin sproglighed, komme til at repræsentere kausale, klassifikatoriske og logiske relationer. Det hænger sammen med at teksten allerede for at have kohæsion må referere stabilt til en bestemt verden. Det kræver simpelthen systematisering; teksten må skabe sit logisk strukturerede verdensbillede, og derfor vil også enhver tekst, uanset emne, være en variation over sin kulturs verdensbillede. Navnlig er det vigtigt at lægge mærke til, at alle fortællinger artikulerer et verdensbillede. Vi er vant til at fokusere på årsagsforhold i en fortælling: Blev arveonklen myrdet fordi hans nevø sad i bundløs spillegæld - eller var det fordi han modsatte sig sin nieces giftermål med en udenlandsk skuespiller? Men for det kulturhistoriske

studium er fortællingens systematiske inddelinger af mennesker og deres gøremål af langt større betydning. Den opstilling af alt og alle i en vis orden, ofte et hierarki (en rangorden), som vi finder i fortællinger og i mange andre lidt længere tekster, kalder man tekstens taksionomi. Teksten opstiller typisk ikke denne orden ved argumentation, men fremstiller den fx i fortællinger som selvfølgelig og naturlig, evt. endda som grundlagt ved skabelsen. Der ligger derfor en vigtig tekstanalytisk opgave i at afdække teksters taksionomi og de midler, hvorved de bringer denne taksionomi i stand.

Kohæsion og kohærens, altså tekstens indre sproglige, referentielle og logiske sammenhæng, er helt grundlæggende. De udgør simpelthen forskellen mellem et antal tilfældigt sammenbragte ord og sætninger og en tekst. De øvrige 5 tekstlingvistiske dimensioner har mere med forhold uden for teksten at gøre. Anskuer vi teksten i en kommunikationssituation, opstår der straks to yderligere dimensioner: (3) Tekstens *intentionalitet* er dens sammenhæng med ophavsmandens kommunikationshensigt, og (4) dens *akceptabilitet* er dens sammenhæng med modtagerens forventninger og forudsætninger. Så at sige enhver tekst læses som udtryk for en kommunikativ hensigt, og så at sige enhver tekst skrives med tanke på en modtagers reaktioner.

I forhold til en modtagergruppe vil en tekst indeholde "nye" og "gamle" informationer i et bestemt blandingsforhold, og den vil etablere en eller anden sammenhæng mellem det allerede kendte og det nye, den har at sige. Dette kaldes tekstens (5) *informativitet.*

En tekst hænger altid sammen med en situation. Tekstens (6) *situationalitet,* som denne sammenhæng kaldes, er den sproglige tilpasning til en bestemt situation.

Men her er det, ikke mindst i forhold til religiøse tekster, vigtigt at være opmærksom på at en tekst ved sprogligt at tilpasse sig en bestemt situation kan tjene som dramatisk repræsentation af denne situations. En bøn med henvendelse til en gud kan således ses som dramatisering af en situation, hvori det er muligt at tale til den pågældende gud. Taler man til en gud, en dæmon eller endog til en sø, et bjerg, et træ eller en livløs genstand, giver man dramatisk udtryk for at den pågældende er til stede eller medlevende i situationen. Men brugen af 2. person (tiltale) er kun én af utallige måder, hvorpå en tekst etablerer situationalitet; konvention spiller her en stor rolle, men sproget har også sine egne, indbyggede muligheder. Det danske sprog, især talesproget, har således et ord, der udelukkende går på situationaliteten; det er det lille ord 'nå', som ikke kan oversættes til andre ord, fordi det simpelthen betegner den talendes nærvær eller medleven i situationen. Alt efter tonefaldet og omstændighederne kan dette nærvær bestå i ømhed, medlidenhed, ligegyldighed, neutralitet, afventen, forbløffelse mv., men selve ordet "betyder" ikke noget bestemt.

Den syvende dimension er *intertekstualitet,* dvs. tekstens sammenhæng med andre tekster. Det er velkendt, at tekster citerer hinanden, hentyder til hinanden, bygger på hinanden og endda kan befinde sig i en diskussion med hinanden. Begrebet intertekstualitet er meget bredt og dækker alt dette. Men til ligefremme citater og eksplicitte argumenter behøver vi ikke et nyt begreb. Det man prøver at gribe i begrebet intertekstualitet er et grundvilkår for produktion (og tilegnelse) af tekster: En eller anden, måske Eva, måske Adam, må vel have produceret den første tekst uden baggrund i andre tekster. Men tekster, som vi nu kender dem, bliver altid til som variationer over andre tekster. Enhver der producerer tekst, taler eller skriver ud af og ind i et netværk af intertekstualitet. Det kan være meget bevidst og specifikt, som når en forfatter beslutter sig for at levere et modstykke til eller en variation over en bestemt tekst, måske endda en, som han kan forudsætte bekendt hos sin læser. Eller det kan være helt vagt og umuligt at udrede litteraturhistorisk, som når en fortæller blander motiver og temaer fra sin tradition og fra sin hverdag i den form for kreativ genbrug, som man har kaldt *bricolage.* Intertekstualitet spiller en meget stor rolle i religionshistorien. Man behøver blot at tænke på hvordan teksterne i Det ny Testamente på flere forskellige måder forholder sig til Det gamle Testamente. På lignende måde spiller visse mahayanabuddhistiske tekster på motiver og argumentationer fra den ældre buddhistiske litteratur og skaffer sig derved afsæt for nytænkning. Inden for Islam fremtræder mange religiøse tekster som udlægninger eller udmøntninger af korantekster; fx er mange sufi-tekster optaget af at få netop sufiernes religiøse praksis til at fremstå som virkeliggørelsen af koranens ord og profetens eksempel. I virkeligheden kan man sige at de religiøse teksters intertekstualitet, deres indbyrdes sammenhæng og "samtale," er konstituerende for en religion. Det er helt urealistisk at forestille sig, at alle medlemmer af en religion går rundt med samme bevidsthedsindhold; men de bevæger sig alle i det samme intertekstuelle rum eller netværk.

Disse 7 dimensioner illustrerer meget godt, hvad tekstlingvistikken spænder over. Den vedrører det sproglige og må være i stand til at beskrive og diskutere sproglige forhold i en tekst ved hjælp af hjælpedisciplinerne grammatik, semantik og stilistik. Men den arbejder overordnet på et højere niveau, hvor sprogets virkemidler samordnes med en faktisk eller postuleret situation og med en faktisk eller postuleret verden uden for sproget i en tekst. Når vi her to gange i træk skriver "faktisk eller postuleret", er det, som læseren nok har gættet, fordi vi er på vej fra tekster i almindelighed til religiøse tekster.

Religiøse tekster
Det er velkendt, at religiøse tekster ofte vedrører en verden forskellig fra menneskers daglige erfaring, en verden som disse tekster selv postulerer. Men samtidig udtaler de sig også om menneskers liv og samfund, ofte normativt eller idealiserende; de søger ligesom at sætte skik på verden. Det er næppe frugtbart at diskutere informativiteten i en religiøs teksts postulater om en overnaturlig, usynlig eller hinsidig verden. De tjener egentlig mere tekstens iscenesættelse af sig selv; de udgør ikke den religiøse teksts emne, men markerer dens situationalitet. En tekst der fx ved besked med underverdenens indretning eller med begivenheder, der endnu ikke har fundet sted, placerer sig selv i en talesituation, der er karakteriseret af denne ekstraordinære viden - og dermed af overmenneskelig autoritet. I denne ramme kan teksten så udtale sig om sit emne, som den i reglen søger at integrere i rammen. Der ligger derfor en tekstanalytisk opgave i at udrede, hvordan teksten etablerer sin ramme af religiøs autoritet, og hvordan den herudfra udtaler sig om menneskelige forhold.

Det er den tekstlingvistiske betragtning, der gør det muligt at se den religiøse autoritet som knyttet til tekstens situationalitet. Det som teksten (med denne autoritet) udtaler om sit emne kan vi på tilsvarende måde opfatte som tekstens informativitet, men eftersom religiøse tekster ofte udtaler sig normativt, altså søger at gøre en bestemt orden gældende, må vi her være særligt opmærksomme på tekstens kohærens, på den orden, hvori den etablerer sin verden, eller med et fint ord den taksionomi, som teksten opstiller. Hvis vi tager ordet taksionomi i meget bred betydning, som ethvert forsøg på at opstille, hævde eller gennemføre en vis orden, kan vi tillade os den generalisering, at en religiøs tekst især er karakteristisk ved et samspil mellem en talesituation og en taxionomi. Den analytiske opgave bliver altså at identificere tekstens situerende elementer, dem der anbringer den i en særlig talesituation, og tekstens taksionomiske elementer, dem der udtrykker den tingenes orden, som teksten hævder eller søger gennemført.

Men for rigtigt at forstå forholdet mellem på den ene side den autoritative religiøse talesituation og på den anden side tekstens udtalelse om menneskelige forhold, skal vi først interessere os for en ganske ejendommelig tekstgruppe.

Omkring 1050 dukker en samling håndskrifter, nu kendt som Hermesskrifterne eller *Corpus Hermeticum*, op i Konstantinopel. Flere af skrifterne fremtræder som samtaler mellem Hermes Trismegistos (den tre gange største Hermes), Tat og Asclepios. Hermes var grækernes "oversættelse" af den ægyptiske skrivergud Thoth, Tat er måske også afledt af Thoth, og Asclepios er ægypternes Imhotep, lægegud og legendarisk vismand. Teksternes indhold er hellenistisk filosofi og gnosticisme, og i dag dateres de til 1.-2. årh. e.v.t. Det var først i renaissancen, at studiet af disse tekster i Europa for alvor kom i gang, og i mange år troede man, at det faktisk drejede sig om meget gamle tekster, der i alder og værdighed kunne måle sig med Det gamle Testamente (som man dengang anså for meget gammelt). Den moderne forskning har helt måttet forlade denne opfattelse; teksterne er tydeligvis talt ind i en hellenistisk situation og formidler et hellenistisk-ægyptisk stof. Samtalerne mellem Hermes, Tat og Asclepius er altså en fiktiv ramme om en hellenistisk forkyndelse, og vi står således over for det man kalder en pseudoepigrafisk litteratur, en litteratur der "forfalsker" sit forfatterskab og derved tillægger sig selv religiøs autoritet. En sådan forskudt talesituation, hvor teksterne taler til nutiden ud fra en urtid eller i hvert fald fra tiden før verden gik af lave, giver ganske forbløffende muligheder for religiøse udtryk; en af dem udnyttes i det hermetiske skrift *Asclepius*, hvor den reelle samtidige situation, der betragtes som utålelig, skildres som led i en profeti om verdens undergang.

Her er der altså tale om en forskudt talesituation, der ligesom reducerer den reelle samtidige situation til et forstadium til den undergang, der er forudset af tekstens guddommelige ophav. Tekstens pseudoepigrafiske ramme gør på denne måde teksten til noget mere end blot et indlæg i tidens debat. Ofte repræsenterer denne eksplicitte forskydning af talesituationen på én gang en nytolkning af og en forankring i ældre religiøs tradition. I en forholdsvis ny religiøs bevægelse med rødder i teosofien, *Shan the Rising Light,* kan en tekst således betegnes som "Kristus Jesus' tale til menneskeheden den 8. april 1982." En anden indledes med ordene: "Den 8. juli 1989 formulerede Herren *Maitreya* [den kommende Buddha] *Ananda Tara Shans* [bevægelsens stifter] rolle i skabelsen af den nye verdenslære på følgende måde: ..." (Rothstein 1993, 151 og 158)

Det er imidlertid kun et fåtal af alverdens religiøse tekster, der gennem en sådan pseudoepigrafisk ramme gør talesituationen til et kapitel for sig. Alligevel er alle religiøse tekster på en vis måde - eksplicit eller implicit - "pseudoepigrafiske", idet de hævder eller underforstår en eller anden form for forskudt, privilegeret talesituation. Udtrykket 'pseudoepigrafisk' er uheldigt, fordi det indebærer en religiøs polemik, der ligesom vil sortere tekster i sande og falske. Det er selvsagt ikke hensigten her; men netop de såkaldt pseudoepigrafiske tekster illustrerer på en slående måde et forhold, der i forskellig grad og i mange forskellige konkrete udformninger er fælles for religiøse tekster: at de hævder eller implicit forudsætter en talesituation, der hæver teksten op over det menneskelige niveau.

Andre tydelige eksempler finder vi blandt religionernes **kanoniske tekster**. Til en kanon er ofte knyttet forestillinger om dens oprindelse, der understreger dens autoritet. I hellenistisk jødedom møder vi den tanke, at loven (*tora*) har været til før verdens skabelse og har udgjort en art præeksisterende matrice for skabningen. Studiet og overholdelsen af den åbenbarede lov bliver på denne måde noget skabende. Koranen fremstår som Guds tale til profeten Muhammed, men samtidig tænkes den Koran, som profeten har overbragt menigheden, at være det jordiske afbillede af et himmelsk urskrift, som findes i paradiset. Den hellige bog er således ikke blot en profetisk forkyndelse, den er også, som refleks af urskriftet, nøglen til verdensordenen. Et godt eksempel på hvordan koranen sætter sin egen talesituation finder vi i sura 96, efter traditionen den første, der åbenbaredes for profeten. Den begynder således:

> "I Guds, den barmhjertiges, den nådiges navn.
> Forkynd i din herres navn som skabte,
> skabte mennesket af klæbrig dråbe!
> Forkynd! Thi din herre er den ædle,
> som med skriverøret gav belæring,
> skænked' mennesket belæring om, hvad ej det vidste ...."

Bemærk, hvor omhyggeligt talesituationen er sat: Teksten fremsiges "i Guds navn", og i teksten er det Gud selv, der taler og giver sig til kende for profeten som den, der tidligere har åbenbaret hellige skrifter. Det er også understreget, at det der åbenbares er noget, mennesker ikke kan vide.

Det er måske mindre indlysende, men i virkeligheden gælder dette sidste også for alle slags **myter**. I ainuernes mundtlige tradition lægges Bjørnefestens myte (SFR 58-63) - i analogi med koranen - i munden på Bjørneguden selv. Men generelt sætter myter deres talesituation mere diskret, implicit i det de fortæller, uden at gøre den til et kapitel for sig. Hvad myter fortæller er hvad der skete før verden som den nu kendes blev til, ofte endda før der fandtes mennesker. Det må nødvendigvis indebære en privilegeret talesituation, for sådan en viden kan mennesker ikke have - eller hvis de har den, må de have den fra guder eller mytiske forfædre. At fortælle om verdens allerførste begyndelse, ja endog om det der gik forud for denne begyndelse, forudsætter en ganske særlig talesituation, hvorfra urtiden kan overskues. Den der fortæller en myte hævder på en måde at stå uden for tiden eller i hvert fald at tale ud fra en viden, der går bag den almindelige menneskelige erfaringshorisont. Men på den anden side handler myten om det, der ligger inden for den almindelige erfaringshorisont. Ligesom den pseudoepigrafiske tekst, der fra urtiden profeterer om nutiden, sætter den mytiske fortælling nutiden i et vist lys. Myten redegør for forholdet mellem urtid og nutid både som en kontinuitet og som en diskontinuitet; på den ene side skildres nutidens rødder i urtiden, på den anden side også nutidens grundlæggende forskellighed fra urtiden. Nogle myter skildrer den første urtid som en lovløs og uciviliseret tid med blodskam, brodermord og kannibalisme, i kontrast til en nutid, som man anser for velordnet. Andre myter skildrer urtiden som paradisisk, harmonisk og uden mangler, nutiden derimod som en falden tid fuld af strid og ondskab. I begge tilfælde vidner de om en betragtning af nutiden, som historikeren kan sammenholde med sit kendskab til de historiske forhold, hvorunder myten er blevet til eller har været i brug. I begge tilfælde indebærer myten også en taksionomi, idet den som fortælling om den nuværende verdens tilblivelse uundgåeligt kommer til at udtrykke en vis orden og inddeling.

Ligesom myter taler også alle slags **profetier** om noget, som mennesker ikke kan kende til, nemlig fremtiden. Derved sætter også de en privilegeret talesituation, mest radikalt i **eskatologien**, der kender verdens undergang og undertiden endda tidspunktet for dens indtræden. Eskatologi betyder 'lære om de sidste ting', altså tekst der fortæller om hvordan det hele skal ende. Derved sættes også nutiden i et bestemt lys; hvis det fx siges, at løgnere skal straffes eller gå til grunde på en særlig ubehagelig måde, så har man jo samtidig sagt hvad man mener om folk der i nutiden taler usandt. I Koranens dommedagsskildring i Sure 56 er der også en tydelig taksionomi: På den yderste dag skal menneskene deles og opstilles i tre grupper: de fremmeste, de på højre side og de på venstre side. De sidstnævnte er fornægtere og folk der fremturede i svar synd, og dem skal det gå meget ilde. Selv om den profetiske tekst blot ved sit indhold sætter en privilegeret talesituation, så ser vi ofte, at den understreges yderligere, fx med en rammefortælling, der skildrer en forrygende åbenbaring, eller i en udlægning af ældgamle, autoritative religiøse tekster.

Ritualtekster er en stor og rigt varieret tekstgruppe, og her gælder det i endnu højere grad, at den basale, implicitte privilegerede talesituation understreges og udbygges. Eftersom ritualer er 'symbolske' eller 'repræsentative' handlinger, der tænkes at bevirke noget, må det helt basale i en ritualtekst være den implicitte påstand om at når teksten fremsiges sammen med den tilhørende handling, så virker det. Der findes nogle ganske få ritualtekster, der indskrænker sig til denne lodrette påstand; en af dem er en dansk trylleformel fra det nordlige Vendsyssel (ca. 1875) mod lus:

"Jeg forbyder dig, du Lus, at bide i Hud og at slide i Kjød."
(DT 446)

Her fremgår det implicit, at den der taler er i stand til at befale over lusene. Der påstås altså en talesituation ud over det normalt menneskeligt mulige. Tilsvarende kunne følgende enkle og ultrakorte formel bruges til at standse blødning:

"Jeg befaler dig, ikke at løbe længere." (DT 165)

Disse to tekster indskrænker sig næsten helt til taksionomiske elementer: De sætter ultrakort en orden, hvor lus ikke bider og blod ikke løber. Men idet de gør det, indebærer det tekstlingvistisk en talesituation, hvorfra lus og blødninger kan beherskes. Men som sagt er det sjældent, ritualtekster nøjes med det helt basale. Som regel underbygges den privilegerede talesituation yderligere. En variant af den sidst anførte formel (DT 166) udvider således med "i faderens, sønnens og helligåndens navn." Andre med samme formål påberåber sig Jesu dåb i Jordans flod (hvorunder floden stod stille - DT 97) eller Moses der førte israelitterne tørskoet gennem det røde hav (DT 89) som forbilleder for en standsning af blodet. Bibelens mytologiske fortællinger om begivenheder, der har grundlagt verden, bliver her rituelle virkemidler, der underbygger den privilegerede talesituation. Nogle trylleformler fortæller en hel lille mytisk historie (*historiola*), og mange steder i verden fremføres myter i dramatisk form ved store religiøse fester. I begge tilfælde kan man sige at ritualet låner mytens privilegerede talesituation som virkemiddel. Ritualteksten behøver ikke genfortælle en allerede kendt myte, den kan sagtens finde på en ny der passer til lejligheden, som fx den følgende danske formel fra 1700-tallet mod tyve, horkarle, bagvaskere og krigsfolk der røver og plyndrer. Alle disse fæle folk personificeres i 'Avind' (et gammelt ord for ondskab):

"Vor Herre Jesus Christus gik over Heede; der mødte hannem Avind hin vrede. Hvorhen skal du gaae? sagde Jesus Christus. - Jeg skal gaae han til N. at stjæle, myrde, hoere etc. - Jeg maner dig, sagde Jesus Christus, at du skal det ikke gjöre. Nu maner jeg dig ..."
(Der følger så en længere besværgelse (DT 913 c).

Formlens *historiola* har ingen baggrund i Det Ny Testamente, men anbringer blot besværgelsen i en slags nytestamentlig urtid, hvorudfra den så taler. Overgangen fra *historiola* til besværgelse er næsten umærkelig. Besværgelsen er så at sige indlejret i *historiola* og lagt i munden på den mytiske Jesus. Vi kan da sige at *historiola* tjener til at *situere* besværgelsen i den privilegerede talesituation, som denne mytiske scene udgør.

Ikke kun læsning af trylleformler, men alle ritualer har sådanne *situerende elementer*. Det kan være masker, kostumer og andet udstyr, der understreger at ritualet foregår i en privilegeret tale- og handle-situation, hvorfra det kan virkeliggøre sit formål. Men oftest er det ritualtekster, der leverer de situerende elementer idet de udnævner handlingen til at være noget der sker i den mytiske urtid, "i faderens, sønnens og helligåndens navn" eller i en eller anden anden *situation,* hvorfra verden kan bearbejdes. Ved analysen af ritualtekster er det da vigtigt at identificere sådanne situerende elementer og udrede, hvordan de arbejder sammen med tekstens øvrige indhold.

En helt konventionel situering af en ritualtekst er i mange religioner henvendelsen til en gud eller et andet væsen uden for menneskers normale rækkevidde i **bøn** og **hymne**. Idet teksten taler til et sådant væsen giver den dramatisk udtryk for at dette væsen er til stede, eller at talen faktisk kan nå den fjerne gud eller den forlængst afdøde forfader. I begge tilfælde må det indebære en privilegeret talesituation, der giver mulighed for at virkeliggøre bønnens anliggende. Henvendelsen til en gud eller et andet overmenneskeligt væsen kan stå sammen med andre situerende elementer som i den følgende bøn til helgenen Apollonia, der døde som martyr efter at have fået tænderne slået ud af sine brutale forfølgere:

"Du hellige Jomfru Appolonia.
som af Tandvee stor Pine leed,
blev dog omsider karsk og sund
og forløst udi saa kort en Stund.
Bed du for mig til Jesum Christ,
saa bliver jeg fri for Tandvee vist
i denne Dag og i dette Aar
og alt saa længe Verden staaer .... (DT 393)

Bønnens adressat er her også det mytiske forbillede for den ønskede helbredelse - og samtidig den der tænkes at gå i forbøn for den bedende hos Kristus.

Hymner er en næsten universelt udbredt tekstgenre med meget stor variationsbredde. Ikke alle hymner er i 2. person; græske og indiske hymner er således ofte i 3 person, og i den ældste indiske hymnesamling, *Rigveda,* er der hymner der veksler mellem alle tre personer. Det der er fælles for alle hymner er nok det, Jan Assmann (1975) har kaldt det 'interpersonelle' element: Hymnen er ligesom bønnen et lille drama, med eksplicitte eller implicitte roller som den der lovsynger og den der besynges. Et andet karakteristisk fællestræk er *nominalstilen,* ophobningen af navne og epitheta (betegnelser) for guden. Assmann kalder det nominalstil, fordi det grammatisk drejer sig om substantiviske, adjektiviske og pronominale led, som fx i følgende babylonske eksempel fra en hymne til guden Ninurta (i 2. person):

"Mægtige arvesøn, Enlils førstefødte,
ophøjede, fuldkomne, barn af Eshara-templet,
som er klædt i frygtindgydende hellighed ..."

Opremsningen af epitheta fortsætter. Ved analysen af en sådan serie vil det ofte være vigtigt at vurdere rækkefølge og progression i de forskellige epitheta. Det kan være en hel fortælling fra gudens mytologi, der gennemgås i lutter nominale led, eller det kan være en proces, der leder op til et ønsket rituelt resultat.

Men et hovedformål med således at besynge guddommen med talrige epitheta er at gøre ham eller hende nærværende – eller ligefrem at lade guden eller gudinden blive til. I en hymne fra det ægyptiske daglige tempelritual, som blev udført hver morgen, vækker man solguden *Amon-Re* med en række epitheta og fortsætter i nominalstil med verbale indslag:

"du er guden, der blev til i urtiden (egl. første gang),
da endnu ingen gud var blevet til,
da der ikke var tænkt på navn til noget som helst.
Det var førend dagen blev til,
at du åbnede dine øjne for at se med dem –
og lyset blev til for alle ved dine øjnes glans.
Da åbnede du din mund for at tale,
og du gjorde himlen fast med dine hænder ...
i dit navn Amon.
Du er enhver guds *ka* –
du er Amon, du er Atum, du er Khepri,
du er hele landets herre....

I denne blandede stil gøres guden nærværende, men vi får også gennemgået gudens tilblivelse fra den allerførste begyndelse i urtiden til hans nuværende, men egentlig tidløse, altgennemtrængende karakter. I guden er alt blevet til, og skabelse er egentlig blot gudens tilblivelse og forlængelse ud i alle ting. Han er hver eneste guds *ka* eller livskraft, han er sol- og skabergudens forskellige former og ikke mindst Ægyptens herre. Gudens nærvær i ritualet og dermed i verden og gudens tilblivelse er to sider af samme sag, og i slutningen af hymnen hedder det med et indslag af verbalstil:

"Måtte du blive til, du herre over alle ting,
Atum, som opstod i urtiden!"

Ifølge Assmann anvendes verbalstil i de passager af en hymne, der beskriver gudens rituelle opnåelse af en status, altså der hvor guden for alvor får magt over tingene og indtræder i sine funktioner som skaber, opretholder, kilde til alskens velsignelser etc.

Assmanns analytiske begreber er blevet til i arbejdet med tekster fra det gamle Ægypten, men har tydeligvis en langt bredere gyldighed. Nominalstil og verbalstil er måske ikke begreber, der passer til alle sprogs grammatik, men på et tekstlingvistisk niveau står det klart at hymner har passager, der ligesom skal gøre guden nærværende, og passager, hvori der sker noget med guden her og nu, eller hvori det ønskes, at guden skal blive eller gøre et eller andet. Faktisk kan en hymne munde ud i en bøn, og hymne og bøn kan på forskellige måder kombineres; en del tekster kan ikke entydigt henføres til den ene eller den anden af disse kategorier. For dem begge gælder det, at de forskellige udtryk for gudens nærvær eller deltagelse i en kommunikation udgør de situerende elementer, mens taksionomiske elementer kommer frem i udtryk for gudens magt og ordensopretholdende virksomhed (som sagtens kan være i nominalstil) og i det, guden bedes om.

En helt ejendommelig teksttype er **ordsprog**. Ordsprog er ikke nødvendigvis religiøse tekster, men navnlig i Afrika er ordsprog hos flere folk vigtige kilder til religion og verdensopfattelse, og ordsprog kan ligefrem bruges som trylleformler. Vi møder også ordsprog i forbindelse med divination, fx i den kinesiske *Yijing,* og i hvert fald nogle af de orakelsvar (ægte eller opdigtede) der er overleveret fra oldtidens Grækenland, har en gådefuld, ordsprogslignende form.

Ordsprog er korte, slagkraftige udtalelser der ligesom gør krav på almen gyldighed. Oftest er de holdt i konkrete billeder, fx "tomme tønder buldrer mest" eller "mus fjerter ej som hest uden røv revner," der begge handler om eller i hvert fald kan bruges om brovtende adfærd hos ubetydelige personer. Det er netop billedligheden, det konkrete og slående udtryk for en abstrakt tanke, der giver ordsproget slagkraft. Det fungerer som en taksionomisk model for opfattelsen af det forhold, ordsproget er møntet på (Permjakov 1984).

Ordsprog har altså en taksionomisk, eksemplarisk karakter ligesom myter og i nogle sammenhænge kanoniske tekster. Men de har ikke i sig selv nogen situerende elementer, der gør dem til religiøse tekster. Når de alligevel undertiden indgår i rollen som religiøse tekster, er det nok fordi det at fremsætte en taksionomi eller levere en taksionomisk model i så kort og fyndig form er lidt ligesom at standse en blødning med en simpel ordre. Under alle omstændigheder viser det, at taksionomi og privilegerede talesituationer hører intimt sammen; den der sætter en eksemplarisk orden, har også en position og en autoritet.

Men bag alle de religiøse teksters formelt privilegerede talesituationer og "pseudoepigrafiske" rammer ligger i hvert enkelt tilfælde den reelle, historiske talesituation, som den religiøse tekst fra sin særlige vinkel sætter i et bestemt lys, og som derfor også har haft indflydelse på udformningen af den religiøse teksts taksionomi. I forholdet og vekselvirkningen mellem disse to talesituationer ligger religionshistorikerens opgave.

Billedanalyse
Ligesom tekstanalysen kan niveaudeles i parafrase, realkommentar og fortolkning, sådan kan billedanalyse ifølge kunsthistorikeren E. Panofskys klassiske teori inddeles i tre niveauer:

1. *Det præ-ikonografiske niveau*   (svarer til parafrase)Et rent beskrivende niveau, hvor iagttageren kun bruger sin praktiske erfaring, altså fx kun ser en mandsperson, sømmet op på et vandret og et lodret stykke tømmer.

2. *Det ikonografiske niveau* (svarer til realkommentar)
Her bruger iagttageren sit kendskab til konventioner og motivverden i det miljø og den tid billedet stammer fra - og identificerer fx billedet som den korsfæstede Kristus.

3. *Det ikonologiske niveau* (fortolkning)
En syntese af de to foregående i en fortolkning, der redegør for billedets "egentlige mening eller indhold." Ifølge Panofsky skal kunsthistorikeren her bruge sit "kendskab til den menneskelige forstands væsentlige tilbøjeligheder."

Det kan være overordentlig vanskeligt at holde de tre niveauer ude fra hinanden. Enhver beskrivelse er jo samtidig en fortolkning, og enhver kan nemt overbevise sig om hvor svært (og omstændeligt) det er at give en fuldstændig ren præ-ikonografisk beskrivelse. Det har heller ikke været meningen med de tre niveauer, at de skulle udgøre en disposition for skriftlige fremstillinger. De tre niveauer er nyttige, når man diskuterer tolkningen af et billede (med sig selv eller andre). Her kan de bruges til ligesom at strukturere argumentationen.

Navnlig det sidste niveau, det ikonologiske, hvor det gælder billedets "egentlige mening," er diskutabelt - måske endda mere diskutabelt end begrebet mening i tekstanalysen, hvor ordbogen og grammatikken trods alt sætter visse grænser for hvad ord og sætninger kan betyde, og hvor vi trods alt kan holde os til at sprogets normale funktion er at videregive meddelelser med mening i. Men hvem siger overhovedet, at billeder på tilsvarende måde fremsætter et udsagn og "giver mening?" Det gør så at sige alle, der inden for rammerne af humanistisk videnskab beskæftige sig med billeder, og med god grund! Ikke engang et fotografi kan vi tage uden at træffe en række valg (vinkel, belysning, baggrund mv.). Det færdige produkt videregiver derfor en opfattelse af motivet. Ja, man må endda sige at når noget i det hele taget findes værdigt til at afbildes, så vidner dette under alle omstændigheder om en opfattelse af det. Men ikke nødvendigvis en opfattelse, der direkte kan "oversættes" til et bestemt sprogligt udsagn.

Disse overvejelser fører ind i det meget fundamentale spørgsmål om forholdet mellem et billede og det, som det afbilder eller forestiller. Alle kender vist den franske maler Magrittes maleri af en pibe, hvorpå han skrev "Dette er ikke en pibe." Billedet er forskelligt fra det afbildede, men hvordan er forholdet mellem de to? Vort mest spontane svar er nok, at billedet fortæller hvordan det afbildede ser ud. Der er uden tvivl billeder, der netop varetager denne informative funktion, men svaret er næppe tilstrækkeligt. Helen Schous statue af Christian X (På St. Annæ Plads i København, Bispetorv i Århus) viser i nøjagtig og kongetro gengivelse, hvordan vor nuværende dronnings farfar så ud, men står den der kun for at fortælle os det? Og hvad med Gefionspringvandet? Eller en statue af den græske havgud Poseidon? Disse skulpturer forestiller noget, dvs de stiller det foran os og gør det nærværende for os, og vægten ligger på deres repræsentative funktion mere end på det informative. I det gamle Ægypten malede man billeder af brød, nyslagtede gæs mm. på indersiden af de dødes kister. Ikke for at informere afdøde om hvordan disse næringsmidler så ud, men for at de kunne være til stede for den døde. Billedet gør det her rituelt ud for det som det forestiller. Disse repræsentative billedfunktioner er vigtige at huske, når man arbejder med religiøse billeder. For historikeren kan der være masser af information at hente i dem, men de er sjældent fremstillet i nogen informativ hensigt. De er der for at gøre det usynlige nærværende.

Den sidste formulering skyldes den franske religions-historiker Jean-Pierre Vernant (1991: 151), som har påvist at vor moderne europæiske opfattelse af billedet som forskelligt fra det afbildede er grundlagt af Platon. Platon gjorde op med meget af det antikke Grækenlands klassiske kultur for at skaffe rum for den nye erkendelsesform, som han kaldte *filosofia.* Det gik ud over hele den gamle mundtlige tradition, især myterne, men også billeder. Ligesom myter ikke nødvendigvis er sande, sådan kan billeder bedrage. Billedet er frem for alt karakteriseret ved at det ikke *er* den afbildede genstand eller begivenhed, men en efterligning (*mimesis*) deraf og dermed et udsagn derom, et udsagn, som kan være sandt eller falsk. Men før Platon var billeder, der jo dengang mest var religiøse billeder, opfattet som et middel til at gøre det usynlige (fx guder, afdøde personer) nærværende. I ordets oprindelige forstand forestillede de noget. Den billedopfattelse ligger bag religiøse billeder den dag i dag og verden over, og den kommer tæt på det som kunsthistorikeren E. H. Gombrich forstår som billedkunstens rødder. I sit berømte essay "Meditationer over en kæphest" viser Gombrich, at "efterligning af ydre form" hverken kan være oprindelsen til kunsten eller det der konstituerer et billede. Kæphesten illuderer ikke for alvor en hest og kan næppe heller forstås som information om hvordan en hest ser ud. Men den *repræsenterer* en hest, dvs. i barnets leg gør den det ud for en hest, selvom den ikke kan narre nogen. Den første kæphest var sikkert bare en kæp; hestehovedet er så kommet til senere som et luksuriøst raffinement. For vægten ligger på funktionen, ikke på lighed med det repræsenterede.

Men også religiøse billeder fremsætter et udsagn, kun skal det udsagn som regel ses i lyset af den før-platoniske billedopfattelse. Det er fx påstanden om gudens tilstedeværelse i netop den fremstillede form eller om mytiske eller eskatogiske begivenheders aktualitet. Og indlejret i sådanne påstande finder historikeren andre udsagn, der bredere vidner om den pågældende religion. Et godt eksempel er den senmiddelalderlige altertavle på næste side. Den stammer fra Triebsees i Nordtyskland og fra en tid (kort efter 1452), hvor man var optaget af transsubstantiationslæren, dvs. den teologiske lære om brødets og vinens forvandling til Kristi legeme og blod under nadverritualet. En anden vigtig forudsætning er Johannesevangeliets tanke om ordet (logos), der bliver kød. Ordet er både det skabende princip, Kristus og Guds ord som det foreligger i bibelen. Man forstod det sådan, at ved Kristi fødsel var verden ligesom skabt på ny, med en Gudgiven samfundsorden og en hellig skrift som iboende norm og rettesnor.

Billedets placering lige der hvor alterets sakramente, nadverritualet, foregår er naturligvis vigtig for vor forståelse af det. Billedet er ikke en teologisk kommentar til ritualet; det må ses som en del af ritualet eller en udvidelse af ritualets udsagn. Fra 500-tallet til nutiden er der mange altertavler, der viser Jesu sidste måltid med sine 12 apostle. De indebærer påstanden om at det der foregår ved alteret i en eller anden forstand har del i, udmønter eller måske ligefrem lokalt og aktuelt fuldbyrder det som vises i billedet. Billedet fra Triebsees må på tilsvarende måde forstås som en del af ritualet. Det viser øverst i midten Gud i sin himmel, mellem sol og måne og tilbedt af engle. Som et udtryk for arvesynden ses til venstre Adam og Eva i helvedes gab, og til højre vises det man kalder Mariae bebudelse, dvs. engelen Gabriel der bringer Maria bud om at hun skal føde Guds søn. I midten hælder de fire

evangelister Guds ord i en mølle, der drives af de 4
paradisfloder. Det er de 12 apostle, der betjener sluserne.
Nederst i midten bliver ordet kød, for ud af kværnen
kommer Jesusbarnet, der ses siddende i kalken, som holdes
af 4 kirkefædre. Til venstre derfor uddeles sakramentet (vist
som alterkalken) til de 4 stænder, og til højre vises
kroningen af Friedrich III, den sidste tyske kejser der blev
kronet af paven i Rom (1452). Idet han krones, overrækker

paven ham det runde alterbrød. Såvel kroningen som den
bestående samfundsorden med de 4 stænder (adel, præster,
borgere, bønder) fremstår altså som en fuldbyrdelse af
inkarnationen, og enhver, der indtager den hellige nadver i
Triebsees, bliver således rituelt delagtig ikke blot i Kristi
legeme og blod som skænker syndernes forladelse, men i
hele den orden som bliver til idet ordet bliver kød.

Komparative metoder

I arbejdet med kilderne indgår også religionshistoriens komparative element. Vi har allerede strejfet dette emne i afsnittet om tekstanalyse og i afsnittet om religiøse tekster, og den komparative religionshistoriske litteratur er omfattende. Her skal vi først og fremmest forsøge at præcisere den rolle, komparative synsvinkler kan spille i studiet af religiøse tekster og andre kilder.

Komparative religionsstudier blev for alvor populære med evolutionismen. Det evolutionistiske perspektiv var jo en universalhistorisk udvikling fra lavere til højere former. Her blev sammenligning vigtig, dels for at vise paralleliteten i forskellige kulturers udvikling, dels for at vise sammenhængen mellem evolutionstrin. Et skoleeksempel er J.G. Frazer, der på den ene side argumenterede for homoiopatisk og kontagiøs magi som karakteristiske for et bestemt, tidligt evolutionstrin verden over, på den anden side søgte at vise kontinuiteten mellem primitive, magiske konger, over nærorientens døende og genopstående vegetationsguder til kristendommens fortællinger om Kristi død og opstandelse. På grund af det universalhistoriske perspektiv registrerede man i samtiden slet ikke forskellen mellem tværkulturelle sammenligninger og sammenligninger med henblik på at fastslå en historisk kontinuitet. Det kom til at betyde, at sammenlignende religionsstudier af mange blev opfattet som forsøg på at vise en historisk forbindelse mellem religionerne. En engelsk præst udtrykte nok manges holdning, når han kommenterede tidens optagethed af *"Comparative religion"* med en bemærkning om at i hvert fald kristendommen ikke hørte til de komparative religioner.

I virkeligheden bidrog også teologien til denne fortegnede opfattelse af sammenligningens rolle. Den såkaldte liberalteologi overtog hovedtræk af Frazers synthese og læste hele religionshistorien som en *praeparatio evangelica,* en trindelt forskole til kristendommen. Flere andre videnskabshistoriske forhold, som vi ikke her skal fortabe os i, medvirkede til at danne det indtryk, at komparative religionsstudier tjener til at vise en forbindelse mellem sammenligningens led. Endnu Jonathan Z. Smith siger i en berømte artikel (Smith 1982) at sammenlignende studier på tværs af alle forskelle sigter mod at vise sammenhæng (*contiguity*).

Her er det imidlertid vigtigt at gøre sig klart hvad sammenligning overhovedet er for noget. Først og fremmest er det noget vældigt almindeligt. Vi foretager hver eneste dag masser af lynhurtige sammenligninger, og vi kan slet ikke forstå eller beskrive noget nyt, hvis vi ikke sammenligner det med noget, vi allerede kender. Når vi kalder en spade for en spade, så skyldes det menneskets iboende komparative tilbøjeligheder. Dengang spaden blev opfundet, måtte den nærmest sammenlignes med en flad træspån eller plade som fx et åreblad, og sådan en tingest hed allerede en spade. Man kunne her også nævne en kagespade og korttypen spar (opr. spader). Bag ved betegnelsen for den spade som vi i dag kalder en spade ligger altså en (ret overfladisk) komparativ begrebsdannelse, der ikke har stræbt efter at vise tætte bånd eller dybtliggende væsensfællesskab mellem spader og årer, men blot har skullet tilvejebringe en forståelig betegnelse for det nye graveredskab. Når kartofler på fransk kom til at hedde *pommes de terre,* 'jordæbler', så var det næppe meningen hermed at markedsføre en ny botanisk erkendelse. Botanisk set er det håbløst at betragte kartofler som en afart af æbler; rigtige botanikere anerkender ikke en gang jordbær som bær, men opfatter dem som opsvulmede blomsterbunde.

Disse eksempler illustrerer på den ene side, hvordan sammenligning tjener til begrebsdannelse: Vi sammenligner for at begribe og beskrive noget ud fra noget andet, som vi kender i forvejen. På den anden side illustrerer de også en forskel på dagligsprogets og videnskabens begrebsdannelse: Mens dagligsproget tilsyneladende danner nye begreber i frodig vækst uden restriktioner, må videnskaben gøre det med omhu og konsekvens: en jordknold kan aldrig blive et æble, og uanset smagen kan jordbær ikke rummes i den videnskabelige definition af bær, som bygger på omhyggelig sammenligning af mange frugter og konsekvent hensyntagen til andre definitioner på feltet. En af de ting der forhindrer jordbærret i at være et bær er således, at det er oversået med små partikler, der falder ind under definitionen på nødder.

Komparative religionshistoriske studier er på tilsvarende måde et middel til at danne begreber, hvormed religiøse handlinger og religiøse udtryk kan forstås og beskrives. Begreber er simpelthen en nødvendighed, for uden dem kan vi ikke stille spørgsmål, diskutere eller redegøre for noget. Begrebsdannelsen skulle meget gerne være af den videnskabelige slags, men risikoen for forhastede begrebsdannelser i stil med de franske jord-æbler vil altid være til stede. Mange gængse religionshistoriske begreber stammer jo fra religionerne, og hvis de virkelig skal udgøre et meta-sprog, altså et sprog hvori vi taler om religionerne til forskel fra det religiøse sprog, religionerne selv taler, så må de redefineres i lyset af komparative studier. Vi må være parat til at gøre med fx begrebet offer som botanikerne har gjort med begrebet bær.

Dele af religionshistoriens ældre komparative begrebsapparat synes dannet på grundlag af familielighed alene. I et metodologisk vigtigt bidrag til symposiebindet *Apocalypticism* skitserer Tord Olsson problemet således:

"Lad os tænke os at "apokalyptik" og beslægtede udtryk betegner fænomenerne A, B, C og D, og at disse fænomener har egenskaberne a, b, c, d, e og f som vist herunder:

A	B	C	D
a	b	c	d
b	c	d	e
c	d	e	f

Lad os endvidere antage at A er det fænomen der først blev udforsket og betegnet med udtrykket "apokalyptik", og at derefter B, C og så D efterhånden blev udforsket. "Apokalyptik" kan nu være en bekvem betegnelse for B på grund af egenskaberne b og c, som er fælles med A, men også for C, fordi A og C har c fælles, og B og C har c og d fælles. Senere, når fænomenet D bliver udforsket, bliver det måske foreslået at "apokalyptik" også i dette tilfælde er en passende betegnelse, fordi D har d fælles med B og C og d og e fælles med C - til trods for at D overhovedet ikke har nogen egenskab fælles med A! "

Hvis begrebsdannelsen virkelig er gået for sig på omtrent denne måde, fastslår Tord Olsson, så hviler hele den teoretiske diskussion om apokalyptik på en art naturalistisk fejltagelse. Apokalyptik og andre religionshistoriske begreber er jo netop ikke forekomster i naturen, men midler til at beskrive komplekse religiøse udtryk. Men religionshistoriens nedarvede forråd af begreber rummer desværre mange, der må antages at være blevet til på den skitserede måde, og behovet for stringente redefinitioner er stort. Midlet til således at redefinere gamle begreber og danne nye er tværkulturelle sammenligninger. Idet kravet til begrebsdannelsen er, at begreberne skal kunne anvendes på tværs af kulturer og religioner, sikrer vi os et abstraktionsniveau, hvor begreberne enkeltvis og i konstellationer kan fungere som analytiske modeller i studiet af de enkelte religioner.

Men hver gang et sådant begreb eller en sådan analytisk model anvendes over for et konkret stof, sker der en ny sammenligning: vi forsøger at forstå det nye stof ved hjælp af de begreber, vi har arbejdet frem af det allerede kendte. Komparative metoder kommer derved i vekselvirkning med de historiske og hermeneutiske metoder, vi har skitseret i det foregående. Men hvordan skal vi nøjere forestille os komparative metoders rolle i arbejdet med kilderne? I et af de meget få værker på dansk, der har principperne for tolkning af religiøse tekster som emne, Frederik Torms *Nytestamentlig Hermeneutik* fra 1938, hedder det:

"En sammenligning bør ikke foretages, før betydningen af hvert enkelt sammenligningsled så nøje som muligt er bestemt ud fra den sammenhæng, i hvilken det fandtes." (s. 217)

Her siges på den ene side noget vældig klogt og indlysende rigtigt: Historikeren må aldrig forsømme den nærmere kontekst til fordel for fjernere sammenhænge. Intet kunne være mere forkert end at identificere noget som en variant af en tværkulturel type, hvis dette modsiges af den nærmere kontekst. Det var netop noget tilsvarende der skete for franskmændene, da de kaldte kartofler, som slet ikke er frugter, for jord-æbler. På den anden side er det ikke muligt at bestemme betydningen af noget som helst uden at forstå det, og vi mennesker kan ingenting forstå uden at sammenligne det med noget, vi allerede kender. Sammenligning er altså inde i den hermeneutiske proces lige fra begyndelsen, og det er endda sådan, at de lynhurtige, kun halvt bevidste sammenligninger som vi anstiller i forståelsesprocessen, er langt farligere end bevidst anvendelse af komparativt funderede modeller for analysen. Det er jo netop brugen af det tilvante, men uovervejede som forståelsesmodel, der kan spærre for ny indsigt. Disse overvejelser leder til følgende opdatering af Torms regel: **Når komparative modeller og begreber anvendes i fortolkningen af et konkret kildemateriale, må det ske under nøje hensyntagen til materialets egen struktur og nærmere kontekst.** Denne formulering har samme selvfølgelighed som Torms, og den anerkender ligesom Torm den nærmere kontekst som forpligtende for enhver fortolkning, men den bærer ikke rundt på den illusion, at man kan afsætte én tid til forståelse, en anden til sammenligning. Den får også frem at det ikke bare drejer sig om at sammenligne sit konkrete stof med et andet stof langvejs fra. Det drejer sig om at anvende analytiske modeller og begreber, der er dannet ved sammenlignende eksperimenteren med stof af forskellig oprindelse, på sit konkrete stof. Det sker i en hermeneutisk proces, hvor modellen eller begreberne bringes i dialektik med stoffets egen struktur og nærmere kontekst.

Analytiske begreber

Adjektiviske led kan være adjektiver, verbernes adjektiviske former, fx *participier* (tillægsformer) samt *præpositionsforbindelser,* fx 'manden <u>i månen</u>'. Af ledsætninger er relativsætninger (typisk indledt med 'som', 'der') adjektiviske.

Adverbialer kan være *adverbier* (biord) og præpositionsforbindelser. På nogle sprog har substantiver og verber adverbielle former.

Allegori er betegnelsen for en billedlig fortælling eller billedtale, hvis sammenhæng og logik ligger på det realplan, den refererer til, ikke på billedsiden. Fx afbildes Justitia, Retfærdighedens gudinde, med en vægt, fordi retten skal afveje de to parters påstande mod hinanden. Hun holder også et sværd, fordi retten må sætte magt bag sin håndhævelse, og hun har bind for øjnene, fordi retten skal være upartisk og behandle parterne uden persons anseelse. Men ser man på billedsiden alene, giver det ikke mening at gå med sværd og vægt samtidig, og med bind for øjnene bliver det helt absurd. Ved *allegorisk fortolkning* forstår man en fortolkning, der ikke søger mening og logik på billedsiden, men udelukkende på et (påstået) realplan, som det fortolkede tænkes at referere til. Allegorisk fortolkning giver mulighed for moderniserende omfortolkning af religiøse tekster med stor traditionel autoritet. Ved at hævde, at de er allegorier, kan man udlægge dem uden hensyn til deres egen sammenhæng. Fx udlægger den nyplatonske filosof Sallustios den græske myte om Kronos, der sluger sine børn, som et udtryk for den nyplatonske tanke, at al ånd vender tilbage til sig selv, dvs. til sit guddommelige ophav.

Beretning: I kildekritikken en betegnelse for enhver kildetekst, der beretter om det, historikeren gerne vil vide noget om. Enhver beretning vidner som levning umiddelbart om sin tid og sin forfatter. Men udnyttes den som beretning, dvs. med henblik på at opnå viden om det som teksten beretter om, må den udsættes for beretningskritik. Dvs. det må undersøges, om den forfølger bestemte interesser eller af andre grunde ikke er helt retvisende. Man taler her om beretningens *tendens.*

Denotation: Det at et ord betegner noget bestemt og konkret. Ordet 'bladsmører' kan fx. bruges om en bestemt journalist. Det *denoterer* da denne person, men samtidig har ordet visse *konnotationer.* Det er fx ikke en neutral betegnelse, men indebærer, at vedkommende driver sjusket og uansvarlig journalistik.

Genrer: litteraturformer. Man regner siden oldtiden med tre hovedgenrer: Den episke (fortællende), den dramatiske og den lyriske. Selve denne hovedinddeling passer bedst på den klassiske græske litteratur, og den er ikke så præcis, at den har egentlig analytisk værdi. Det har derimod de mange undergenrer, som litteraturforskning og folkloristik har opstillet.

Historiola: "lille historie." I episke trylleformler en mytisk eller på anden måde eksemplarisk fortælling, der tjener til at sætte talesituationen og samtidig ofte levere en taksionomi, en forbilledlig orden, som trylleformlen skal gennemføre i verden.

Intertekstualitet*:* En af tekstlingvistikkens syv dimensioner. Enhver tekst bliver til som og må forstås som en variation over andre tekster. Dette forhold, som kaldes intertekstualitet, er særligt tydeligt blandt religiøse tekter, der netop bliver til i et netværk af intertekstualitet eller en slags virtuel samtale med andre tekster inden for samme tradition. Gode eksempler kan nemt findes fx i gængse oversættelser af bibelen, hvor et stort noteapparat henviser til de tekster, som den enkelte tekst citerer, udlægger eller gengiver i tilpasset form.

Kompilation*:* "samling." I kildekritikken betegnelsen for en ukritisk slutning, hvor alle kilders oplysninger medtages.

Konnotation*:* "medbetydning". Udtryk som 'den unge mand', 'knægten' og 'lømmelen' kan referere til én og samme person. De har da samme *denotation,* men forskellige konnotationer. Alle ordene betegner centralt en vis aldersgruppe, men de afspejler forskellige holdninger og vurderinger.

Kontekst: i snæver forstand den tekst, der står uden om et givet tekststykke, altså den tekstlige sammenhæng, hvori det står. I bredere forstand hele den historiske og sociale sammenhæng, hvori en tekst har været anvendt og må ses. Det vil altid være en skønssag, hvor bred en kontekst, der bør inddrages i arbejdet med en tekst. Helt uundværlig er dog tekstens brugskontekst eller *Sitz im Leben*.

Ledsætning (bisætning): en sætning der er led i en anden sætning. Fx kan at-sætninger være subjekt eller objekt, altså substantiviske led, i en overordnet sætning; relativsætninger (som, der) står som adjetiviske led til substantiviske eller pronominale led i en overordnet sætning. Adverbielle ledsætninger betegner tid, måde, årsag og ledsagende omstændigheder i forhold til verbalet eller et adjektivisk led i den overordnede sætning.

Levning (eller *levn*) i kildekritikken betegnelsen for kilder, der udnyttes som vidnesbyrd om den tid og det miljø, der har efterladt (levnet) dem. Man bruger også udtrykket *dokumentariske kilder*. Religiøse tekster og billeder kan i reglen kun udnyttes som levninger. Undtagelser er bl.a. fortællinger om historiske religiøse personligheder, der kan underkastes kritik som beretninger.

Metafor: et billedligt udtryk, der bygger på lighed eller analogi, fx 'samfundets bundfald'. Billedsiden eller kilden (*source domain*) til denne metafor er en væske, der udskiller partikler der falder til bunds. Anvendelsessiden eller *target domain* er grupper der har været udsat for en social nedtur eller udstødelse.

Metonymi: et mere eller mindre billedligt udtryk, der bygger på nærhed, samhørighed eller delagtighed, fx 'London' i stedet for 'den britiske regering' eller 'drue' i stedet for 'vin'.

Nominal er en fællesbetegnelse for substantiviske, pronominale og adjektiviske udtryk. I hymner møder vi ofte den såkaldte nominalstil, hvor en gud omtales eller tiltales med pronomener, forskellige navne, adjektiver og relativsætninger. Passager i nominalstil tjener ligesom til at gøre guddommen nærværende. I kontrast hertil står verbalstil, der fremstiller ritualhandlingen og dens virkninger.

Præpositionsforbindelse (forholdsordsled): En forbindelse af en præposition og et substantivisk led, fx 'til mig,' 'på teatret.' Præpositionsforbindelser står oftest som adverbialer, men kan på dansk også stå adjektivisk, fx 'trappen i huset.'

Situationalitet*:* En af tekstlingvistikkens syv dimensioner: Tekstens tilpasning til en situation, her først og fremmest forstået som en sprogligt markeret tilpasning. Religiøse tekster markerer en særlig talesituation, idet de fx henvender sig til en gud, uden videre befaler over naturen eller fx udtaler sig på baggrund af kendskab til verdens første begyndelse eller allersidste tider.

Stemma*:* i tekstkritikken betegnelsen for det "stamtræ", der opstilles for forskellige håndskrifter af samme tekst. Det viser håndskrifternes indbyrdes afhængighed og bruges i arbejdet med at vælge mellem forskellige læsemåder.

Subjekt*:* det sætningsled, om hvilket resten af sætningen siges

Substantiviske led kan være *substantiver* (navneord), *pronomener* (stedord), verbernes *infinitiv* (navnemåde, fx 'at spise') samt *adjektiver* (tillægsord) og adjektiviske former af verber, brugt som substantiver, fx 'den fattige', 'den forbipasserende'.

Taksionomi: "opstilling af en orden" / "ordning af en opstilling." Fra fransk har man også formen taxonomi. Klassifikation, fremstilling af en tingenes orden, ofte en rangorden. I denne bog er ordet brugt i meget vid betydning om opstilling, hævdelse eller gennemførelse af en vis tingenes orden. Det betyder bl.a. at både myter og ritualtekster har en taksionomisk side. Myten artikulerer som fortælling en verdensorden, og ritualteksten formulerer en orden, som den tænkes at gennemføre i verden. Ordsprog artikulerer også en taksionomi, enten som en lærerig iagttagelse af almen gyldighed eller som en regel, der skal følges.

Tendens: I kildekritikken betegnelsen for en beretnings tilbøjelighed til at fremhæve, overdrive, forbigå eller sløre bestemte aspekter af det skildrede. Træk i en beretning, der forekommer afhængige af dens tendens – altså netop er vand på forfatterens mølle – bør ikke tillægges stor vidneværdi.

Verbal kan kun et verbum (udsagnsord) være, og kun i visse former. De former af et verbum, der kan stå som verbal, kaldes *finitte* former. Verber har også substantiviske og adjektiviske former, og de kan ikke alene stå som verbal. De kaldes derfor *infinitte* former. I studiet af hymner taler man om *verbalstil* (jf. Nominalstil), dvs. passager med uafhængige, finitte verbalformer. Verbalstilen er karakteristisk for de dele af en hymne, hvor ritualhandlingen fuldbyrdes eller hvor ønsker for fremtiden udtales.

Bibliografi

Assmann, Jan: *Ägyptische Hymnen und Gebete.* Zürich 1975

Burton, J.: "Those are the High-flying Cranes", *Journal of Semitic Studies* 15, 1970, 246- 265.

Dahl,Ottar: *Grunntrekk i historieforskningens metodelære,* Oslo 1967

Doty, W.C.: *Mythography.* Tuscaloosa 1986

DT = Ohrt, F.: *Danmarks Trylleformler I-II,* Kbh. 1917-21

Eco, Umberto: *A Theory of Semiotics.* Bloomington 1979

Erslev, Kr.: *Historisk Teknik.* 2. udg. Kbh. 1926 (talrige optryk)

Finnegan, Ruth: *Oral tradition and the Verbal Arts.* London 1992

Jordheim, Helge: *Lesningens vitenskap. Utkast til en ny filologi.* Oslo 2001

Jørgensen, Keld Gall: *Stilistik.* kbh. 1999

Kraft, Siv Ellen & Richard Natvig (red.): *Metode i religionsviten skap.* Oslo 2006

Phillimore, J.S.: *Sexti Properti Carmina.* Oxonii 1907

Olden-Jørgensen, Sebastian: *Til kilderne!* Kbh. 2001

Olsson, Tord: "The Apocalyptic Activity" in David Hellholm (ed.): *Apocalypticism in the Mediterranean World and the Near East.* Tübingen 1983

Permjakov, G.L.: "Text Functions of Paremias", *Codikas/Code. Ars Semeiotica 7,*1984, 257-262.

Podemann Sørensen, J.: "Attis or Osiris", in *Rethinking Religion. Studies in the Hellenistic Process.* Ed. J. Podemann Sørensen (Opuscula Graecolatina 30) Copenhagen 1989, 73-86

Rothstein, Mikael: *Er Messias en Vandmand?* Kbh. 1993

Saeed, John I.: *Semantics.* Oxford 2001

Scharling, C.I.: "Hellenistisk religion" in: Sven Fenger (red.): *Religionshistoriske Tekster i Dansk Oversættelse,* Kbh. 1919, 173-186.

Smith, Jonathan Z.: *Imagining Religion.* Chicago 1982

Thomassen, Einar: "Målestokken og spanskrøret: Kanon som religionsvitenskapelig term," *Chaos 18,* 1992, 5-18.
Thomassen, Einar: "Satanversene - fiktion og fakta," *Chaos* 28, 1997, 41-52
Torm, Frederik: *Nytestamentlig Hermeneutik,* Kbh. 1938
Vansina, Jan: *Oral Tradition as History,* London 1985
Vernant, Jean-Pierre: *Mortals and Immortals.* Princeton 1991